TaVe

DIETER NADOLSKI

DIE MISERABELE GRÄFIN COSEL

UND ANDERE EPISODEN
AUS SCHLOSS NOSSEN
UND KLOSTER ALTZELLA

TAUCHAER VERLAG

KURZWEILIGES Nr. 17

Nadolski, Dieter:
Die miserabele Gräfin Cosel und andere Episoden aus Schloß Nossen und Kloster Altzella / Dieter Nadolski. -
1. Aufl. – [Taucha]: Tauchaer Verlag, 1997.
ISBN 3-910074-66-9

Gestaltung: Helmut Selle
Satz und Reproduktion:
Leipziger Medienservice
Druck und Verarbeitung:
Westermann Druck Zwickau
Printed in Germany
ISBN 3-910074-66-9

INHALT

VORWORT

Zu den gut gehüteten Archivalien des Schlosses Nossen gehört ein »Fremdenbuch« für den Zeitraum von 1694 bis 1731. In diesem Dokument sind 46 verschiedene Namen und schwungvolle Autographen bekannter und weniger populärer Persönlichkeiten verewigt, die für mehrere Tage Station nahmen oder auch nur auf der Durchreise für kurze Zeit anhielten. Aus dem Buch ist ersichtlich, daß Sachsens berühmter Kurfürst Friedrich August – besser bekannt als August der Starke – hier dreimal verweilte: 1695, 1700 und 1715. Bedenkt man die Reiselust des Fürsten, seine Jagdleidenschaft, den nahe beim Schloß liegenden wildreichen Zellwald und die nicht allzu große Entfernung zur Residenzstadt Dresden, dann war das ungewöhnlich wenig.

Daß sich der sächsische Landesvater auf dem Nossener Schloß so rar machte, ist allerdings gut nachvollziehbar. Zur Zeit Augusts des Starken lag eine umfassende Instandsetzung und Modernisierung des Gebäudekomplexes schon etwa anderthalb Jahrhunderte zurück. Der dem Luxus zugetane Herrscher fühlte sich hier offensichtlich nicht behaglich genug, es fehlte an dem gewöhnten Komfort. Ab dem Jahr 1775, unter der Herrschaft des Kurfürsten Friedrich August dem Gerechten, wurde das bis dahin wenigstens gelegentlich als kurfürstliches Jagd- und Reiselager genutzte Bauwerk völlig verschmäht. Dinge von allgemeinem Interesse – so schien es – geschahen hier nicht mehr, nachdem die blaublütige Obrigkeit ausblieb. Als schließlich etwa ein weiteres Dreivierteljahrhundert später diverse Verwaltungseinrichtungen in das Renaissanceschloß zogen, vor allem ein Rentamt, ein Amtsgericht und sogar eine Justizvollzugsanstalt, fiel es in der breiten Öffentlichkeit zunehmend dem Vergessen anheim.

Die Situation änderte sich auch nicht wesentlich, nachdem 1954 auf dem Schloß ein Heimatmuseum eröffnet worden war. Die Zahl der Besucher hielt sich vergleichsweise zu ähnlichen historischen Einrichtungen im ehemaligen Kurfürstentum Sachsen in Grenzen. Nennenswerte Investitionen blieben aus; 1985 wurde das Museum wieder geschlossen, obwohl durchaus Ansätze vorhanden waren, die wahrhaftig interessante Geschichte des Schlosses zu dokumentieren. Selbstverständlich ist bereits damals einer der publikumswirksamsten historischen Vorfälle verdeutlicht worden – die Einquartierung der in Ungnade gefallenen Gräfin Cosel. Wenn man freilich weitere, nicht minder interessante Vorkommnisse aufzeichnen möchte, dann ist es ertragreich, von der über Zeiten hinweg gemeinsamen Geschichte mit dem Kloster Altzella auszugehen – beide Denkmale sind übrigens nach der 1996 vollzogenen Neueröffnung des Schlosses folgerichtig zu einem gemeinsamen musealen Komplex vereint worden.

So ist die erste Nachricht von dem späteren Schloß der Klostergründung zu verdanken: Im Jahr 1185 wurde beurkundet, daß Markgraf Otto von den Besitzern einer beim Zellwald gelegenen Burg, den Rit-

Ruinen vom Kloster Altzella.

tern von Nuzzin, Land zugunsten des Klosters abtreten läßt. 130 Jahre später geht sie in den Besitz der Bischöfe von Meißen über, die sie 1436 an das Kloster Altzella verkaufen; der Abt residiert fortan in den Räumen der Burg. Im Ergebnis der Reformation werden beide Bauwerke kurfürstliches Eigentum. Als sich Kurfürst August entschließt, die alte Anlage der Ritter von Nuzzin zu erweitern, das Schloß »zu erheben«, läßt er dafür Abbruchmaterial aus Klostergebäuden nutzen…

Solche und weitere Vorgänge sind – wie gesagt – oft mit kurzweiligen Episoden verbunden. Mal sind die Geschichten umfangreicher, mal sind sie kürzer. Da hat es z. B. anno 1315 eine große Hungersnot und Teuerung gegeben, in deren Folge »die Leute todte

Cörper angegriffen und sich davon zu sättigen gesucht«; da macht 1585 die Leiche der an der Pest verstorbenen toten Kurfürstin Anna »einen ziemlich weiten Umweg zum Begräbnisse nach Freyberg und nimmt aufn Schlosse Nacht Quartier«; da ist 1592 ein ungläubiger Nossener von einer Zellaer Klostermauer erschlagen worden, und als man ihn in einen Backtrog legte, »ist selbiger alsbald zersprungen und ein grausamer Wirbel Wind entstanden«; da fand 1714 »ein Mägdelein von Nossen am rothen Berge beym Closter Zelle« einen Silberschatz – ob er wohl aus dem Schloß stammte? Derart oder ähnlich lauten die kurzen Nachrichten des Chronisten Johann Conrad Knauth.

Für den Inhalt dieses Buches haben wir aus verschiedenartigen Dokumenten solche Begebenheiten ausgewählt, die zu den umfangreicheren zählen, also nicht mittels einer der soeben genannten schlagzeilenähnlichen Mitteilungen erschöpfend dargestellt sind. Die Episoden umfassen den Zeitraum von der Klostergründung bis zum vergangenen Jahrhundert. Die genannten Fakten, die wiedergegebenen Ereignisse und die zeitlichen Abläufe sind historisch sicher belegt. Einzelne Begleitumstände, wiedergegebene Stimmungen, Dialoge u.ä. haben entsprechend der erzählenden Darstellung fiktiven Charakter, das heißt, so *könnte* es gewesen sein.

Die Damen Ingrid Welzig und Erika Wolf von der Schloßverwaltung Nossen haben das Entstehen dieser Publikation mit Rat und Tat gefördert. Dafür danken Autor und Verlag auch an dieser Stelle.

TAUBEN AN EINEM ÖDEN ORT

MAN schrieb das Jahr 1523. Der nach einem harten Winter heißersehnte Frühling hatte in Sachsen lange auf sich warten lassen. Der launische Monat April stand schon im Kalender, und noch immer nicht konnten die etwa hundert Zellaer Zisterziensermönche vor die Mauern ihres Klosters, um – wie nun schon seit mehr als drei Jahrhunderten – die Äcker zu bestellen. Da blieb viel Zeit für die Andacht und gelehrte Studien, aber auch für den Meinungsaustausch untereinander und Gespräche über Gott hier drinnen und die sündige Welt da draußen. Wie die alltägliche Arbeit sich jahraus-jahrein wiederholte, waren auch die Gesprächsthemen einem gewissen Einerlei unterlegen. Es sei denn, das eine oder andere Unglück brachte etwas Salz in die Unterhaltung. So war z. B. einer der Klosterbrüder einem Augenzeugen der jüngsten Katastrophe im nahegelegenen Döbeln begegnet und konnte nun allerneueste Nachrichten mitteilen: Der Ort war bis auf die Stadtkirche und knapp dreißig Häuser abgebrannt. Erst vor drei Jahren hatte es dort schon einmal ein verheerendes Flammenmeer gegeben. Diesmal konnte man den Schuldigen ausmachen. Ein Schmiedejunge war es. Der hatte nicht aus Unachtsamkeit, sondern vorsätzlich das Feuer gelegt. Nach gehöriger Folter landete der Sünder dafür auf dem Scheiterhaufen. Recht so, meinten die palavernden

Ehemaliger Haupteingang zum Kloster.

Mönche. Dann wurde erneut der gewaltige Brand in Oschatz vor vier Jahren erörtert – ein eventueller Brandstifter ließ sich immer noch nicht finden – den sollte der Herrgott erschlagen!

So frevelhaft diese und andere Missetäter auch gehandelt hatten, so ruhig und scheinbar emotionslos plauderte man darüber, so gelassen wurden dazu die Urteile und Meinungen von den würdigen Zisterziensern vorgetragen. Echte Leidenschaft, erhobene Stimmen und sogar Zornesröte im Gesicht tauchte freilich dann auf, wenn das Generalthema der letzten Zeit, wenn die Hauptsache zur Debatte stand, nämlich die neuen ketzerischen Gedanken, die aus dem fernen Wittenberg kamen. Da wäre einer, Doktor Martinus Luther genannt, der die altehrwürdige christliche Ordnung umstürzen wolle. Jetzt, nachdem der eine oder andere Bruder sogar schon dem Klosterleben valet gesagt hätte (ein Jahr später wird es ein ganzer Trupp sein, der trotz energischer Drohungen des Abtes Paul Bachmann gen Wittenberg aufbricht), werden die Thesen des Reformators nicht mehr hinter vorgehaltener Hand, nicht mehr wie ein Geheimnis mit leiser Stimme beredet. Wie überall im Land gibt es auch unter den Zellaer Mönchen solche, die Luthers Lehre für bedenkenswert halten, viele Unentschlossene und schließlich entschiedene Gegner. Doch bei aller Uneinigkeit stimmten die Patres in einem Punkt überein:

Soeben war ein Pamphlet Luthers bekanntgeworden, das in Zella bei niemand Beifall finden konnte. »Wider den neuen Abgott und alten Teufel, der zu Meißen soll erhoben werden«, hieß die Streitschrift. Bruder Martinus aus Wittenberg wetterte darin gegen das Vorhaben von Papst Hadrian VI., den 1107 verstorbenen Bischof Benno von Meißen heiligsprechen zu wollen. Nein, da irrte Luther, dem guten alten Bischof stand aus Sicht der Zellaer Mönche unbedingt diese Ehre zu! Denn irgendwie war er mit der Gründung ihres Klosters verbunden. Und sicher enthielt die Geschichte, die man im Kloster seit Jahrhunderten weitererzählte, doch ein Quentchen Wahrheit:

Es war einmal... So wie manche Begebenheit aus grauer Vorzeit gaben die ältesten Mönche an langen Winterabenden ihre Erinnerungen an die Novizen weiter. Es war einmal, so könnte die Erzählung von dem uralten Bischof aus Meißen begonnen haben, daß dieser bei einer Reise durch unsere Gegend anno 1070 die Gründung eines Klosters vorausgesagt hat.

Unbestritten richtig ist an der Geschichte, daß Benno mit 97 Lebensjahren tatsächlich ein für damalige Verhältnisse sensationelles Alter erreichte. Von 1066 bis 1085 und – nach Gefangenschaft und Amtsenthebung – ab 1087 stand er dem Bistum Meißen vor. Nahezu vier Jahrzehnte Tätigkeit im Bischofsamt hatten tiefe Spuren gezogen, die auch nach dem Ableben Bennos nachwirkten und wohl so manche Mär entstehen ließen. Just im Reformationszeitalter erhielt die Legende von der Prophezeiung neuen Auftrieb. Auf einem vergilbten Pergament, das der damalige Meißner Oberhirte Johannes von Haugwitz unter den Archivalien fand, und das er später mit weiteren Dokumenten und Nachrichten als »Gewisse und approbirte Historia von S. Bennonis Leben und Wunder-Zeichen« drucken ließ, war zu lesen:

»Als da er (Benno, D. N.) auf seine Zeit uber Land reysete, vnd an einem öden Orte viel Tauben sitzen sahe, prophezeyete er, wie in kurtzen ein nauer Orden dohin kommen würde, durch dessen Gebet viel könten seelig werden.«

Wenn man bedenkt, daß Tauben seit frühester Zeit als Symbol des heiligen Geistes gelten, dann erklärt sich der damit verbundene Aberglauben. Ob freilich Bischof Benno wahrhaftig die Prophezeiung aussprach, und ob das an der Stelle erfolgte, wo es in der zweiten Hälfte des 12. Jahrhunderts zum Bau des jetzt Altzella genannten Klosters kam, muß dahingestellt bleiben. Die Mönche schienen davon überzeugt gewesen zu sein.

Verlassen wir den Bereich der Legende. Sicher ist, daß Markgraf Otto der Reiche einen öden Ort südlich der Freiberger Mulde »im Umfang von 800 Hufen« (etwa 275 km^2, im wesentlichen der heutige Zellwald mit den benachbarten Dörfern zwischen Hainichen, Freiberg, Nossen und Roßwein) auf seine Kosten roden ließ und 1162 dem zu gründenden Kloster großherzig zur Verfügung stellte. Übrigens: Acht Jahre später nahm er Grund und Boden einiger rasch entstandener Ansiedlungen wieder in seinen Besitz. Das hatte mit dort zwischenzeitlich aufgefundenen Silbererzadern zu tun und steht für ein damals wie heute gängiges Verhaltensmuster.

Glücklicherweise hatten die aus dem bei Naumburg gelegenen Kloster Pforta im Jahr 1175 umgesiedelten Zisterziensermönche mit dem Bau ihres neuen Domizils an einer wirtschaftlich weniger at-

Betsäule im Kloster.

traktiven Stelle begonnen, so daß sie nicht wieder weichen mußten. Der mit zugewanderte erste Abt nannte sich Heinricus Fuldanus, was darauf hindeutet, daß er vor seinem Wirken in Pforta im Kloster Fulda zu Hause war. Sein Erfahrungsschatz wird auch für den Aufbau der neuen Klostergebäude willkommen gewesen sein. Die Fertigstellung der imponierenden, mit einer Schifflänge von fünf Jochen ungewöhnlich großen Klosterkirche um das Jahr 1200 hat er allerdings nicht mehr erlebt.

Unweit des Hochaltars des gewaltigen Gotteshauses befand sich eine Gründungsinschrift, die wesentlich später als die Kirche entstanden ist. Der kursächsische Schulmann Georg Fabricius, der sie um das Jahr 1540 entdeckte, hielt den Text wie folgt fest:

»Nach Gottis gebort MC in dem LXII. jare ist gestifft diß Closter Cella, in der Ere S. Marie der Himmels-Kunigin, vnd S. Johannis des Evangelisten, von dem Irlauchten Hochgebornen Firsten und Hern, Otten, Marggrefen zu Missen und im Osterlande, der gestorben ist noch Christi gebort MC und in dem LXXX. Jare, an dem XII. des Mertzens, vnd in disem Chore begraben leit.«

Von der sagenhaften Prophezeiung Bischof Bennos war auf dieser Tafel keine Nachricht eingemeißelt. Die Mönche freilich hielten die Legende unermüdlich wach, und das um so mehr, nachdem Bischof Benno tatsächlich vom Papst heiliggesprochen wurde.

BRUDER KLOSTERVOGT LÄSST AUFS RAD NAGELN

NUR wenige vornehme und reichbegüterte Klöster durften sich einen »Advocati officiosi five ministeriales«, einen »Dienst-bestallten Unter-Vogt« leisten. Zella gehörte dazu. Die Besonderheit dieses Klostervogtes bestand darin, daß er – vom Abt vorgeschlagen und vom Konvent (der Versammlung der Mönche) bestätigt – als Gerichtshalter im Territorium fungierte. Obwohl der Vogt nicht weltlicher Beamter war, Ordenskleidung trug und sich nach wie vor Bruder nannte, hatte er Vollmacht zur »Blutgerichtsbarkeit«. Von einem entsprechenden Vorgang soll im folgenden erzählt werden.

Bruder Merten Uhlich, in den zwanziger Jahren des 16. Jahrhunderts Vogt zu Zella, bekam es mit einem spektakulären Fall zu tun, der sich im Verwaltungsdistrikt des Klosterstifts abspielte. In der Gegend um Berbersdorf, von den wenigen Häusern des Dorfes ziemlich abseits gelegen, betrieb ein wackerer Müller mit seiner Frau namens Judith mit dem Wasser der Striegis seine beschwerliche Profession. Vor Dieben und noch schlimmeren Gesindel wurde zwar immer wieder gewarnt, doch all die Jahre über hatten die Eheleute keine schlechten Erfahrungen gesammelt. So schöpften sie auch keinen Argwohn, als eines Sonntags spätabends ein Mann und eine Frau auftauchen, höflich den Gruß entbieten und um ein bescheidenes Nachtquartier bitten. Freundlich und ein wenig dankbar für die Abwechslung im täglichen Einerlei erklären sich die Müllersleute gern bereit, das Paar zu beherbergen. Als der Mühlenbesitzer von dem Fremden sogar noch eingeladen wird, mit ihm auf ein Bier die Dorfschenke aufzusuchen, verspricht er sich einen schönen, nicht alltäglichen Ausklang der mühevollen Woche. Die beiden Männer brechen bald auf, und nunmehr beginnt eine Schreckensgeschichte, die der Müller und sein Weib ihr Leben lang nicht mehr verwinden können.

Kaum sind die Trinkfreudigen außer Sicht, da entledigt sich die fremde Frau ihrer Kleider und entpuppt sich als Mann. Unter drohenden Gebärden verlangt er von der Müllerin, »daß sie ihm den Kasten mit Gelde und ihrem besten Geräthe zeigen« solle. Die zu Tode erschrockene Judith führt den Dieb zu der riesigen Truhe, in der üblicherweise die wertvollsten Dinge aufbewahrt werden. Erst will sie den Raub noch dadurch verhindern, daß sie erklärt, keinen Schlüssel für das mehrfach verriegelte Schloß zu haben. Doch als ihr der Fremde ein Messer an die Kehle setzt, bricht ihr Widerstand. Sie nestelt den Schlüssel unter ihrem Gewand hervor, schließt auf und öffnet den Truhendeckel. Gierig, voller Neugier und in Erwartung reicher Beute beugt sich nun der Räuber über den gewaltigen Kasten. In diesem Augenblick faßt sich die couragierte Judith ein Herz. Blitzschnell greift sie nach den Beinen des Fremden, bringt ihn aus dem Gleichgewicht und stößt ihn in die Truhe. Dann schmettert sie krachend den mit eisernen Bändern beschlagenen Deckel zu und »verrammelt den Kasten gar wohl«. Nun ruft sie nach

Ruinen des Klosters zu Altzella.

ihrem kleinen Sohn und schickt ihn zur Schenke, um eiligst den Vater zu holen.

Im Wirtshaus hatte es sich der Müller bei einem spendierten Krug Bier gemütlich gemacht. Sein freigebiger Begleiter stahl sich indessen heimlich wieder davon, um seinen Anteil an der Beute in der Mühle nicht zu verpassen. Auf halbem Weg läuft ihm der Müllerjunge in die Arme. Den ergreift sich der Räuber. Als er mit seiner Geisel vor der Mühle ankommt, sind Fensterläden und Türen verriegelt. Wenn sie nicht augenblicklich öffne, brüllt der Bösewicht, werde er den Knaben vor ihren Augen massakrieren. Judith ist noch unentschlossen, was zu tun ist. Der ungeduldige Räuber verlegt sich nicht auf langes Verhandeln. Rücksichtslos schreitet er zur Tat, zumal er glaubt, einen Weg zum Eindringen in die Mühle entdeckt zu haben. Das Kind wird vor den Augen der

Mutter brutal erschlagen. Dann steigt der Mörder auf den Wellbaum, erklimmt das Wasserrad und schickt sich an, in das Gebäude hineinzukriechen. Obwohl der Schock über die grausame Tötung des Sohnes tief in ihr sitzt, zeigt sich die Müllerin erneut geistesgegenwärtig. »Weil die Müllerin geschwind aufziehet, laufft das Rad um, und zerknirscht den Buben im Augenblick», berichtet der Chronist.

Zwischenzeitlich war vom Müller in der Schenke bemerkt worden, daß sich sein spendabler Gastgeber aus dem Staub gemacht hatte. Böses ahnend, rennt er mit einigen hilfsbereiten Zechern zurück zu seiner Mühle. Sie staunen nicht schlecht, als sie auf zwei Männerleichen stoßen, denn neben dem vom Kammrad zerquetschten Mörder ist der andere Übeltäter in der Truhe erstickt. Ihren getöteten Sohn hatte die Mutter mit einem leinenen Tuch bedeckt. Als

Portal und Front der Begräbniskapelle des Klosters.

der Müller sein erschlagenes Kind erblickt, verliert er das Bewußtsein.

Soweit also der Sachverhalt, der dem Zellaer Klostervogt als vorgesetzten Gerichtshalter pflichtgemäß bekanntgemacht wurde. Der Mönch ordnete die gründliche Untersuchung des Vorgangs an. Die Akten geben zu erkennen, daß er bei aller Tragik dem Ereignis zunächst burleske Züge zuerkannte. Dann gab er sich entschlossen. Vorerst meinte der Vogt, Judith habe insofern Schuld auf sich geladen, als sie dem Geiselnehmer nicht schleunigst Tür und Tor der Mühle öffnete. Doch dann besann er sich eines Besseren. Die Müllerin sprach er nicht nur frei, sondern ließ sie »ihrer Mannlichkeit und Verschlagenheit wegen« in der Öffentlichkeit rühmen und preisen.

Das erfolgte sowohl mündlich als auch – zwecks weiter Verbreitung ihrer ruhmvollen Tat – mittels eines gedruckten Werkes.

Umgekehrt war dem Klostervogt in Anbetracht der unsicheren Zeiten sehr daran gelegen, gegenüber dem sich herumtreibenden gesetzlosen Gesindel ein abschreckendes Zeichen zu setzen. Doch was sollte er noch tun – die Verbrecher hatte die Müllersfrau bereits liquidiert?! Ein christliches Begräbnis zu verweigern, war selbstverständlich. Aber die beiden Untäter wie üblich einfach außerhalb der Kirchhofsmauer zu verscharren oder auf dem Scheiterhaufen zu verbrennen, das wäre zu harmlos. Schließlich entschied sich der Bruder Vogt für eine zwar teuflische, dafür aber selbst von gottlosen Ganoven sehr gefürchtete Strafe: Die beiden Leichen wurden in aller Öffentlichkeit – auch die Zisterziensermönche zeigten sich interessiert – von ein paar handfesten Männern auf zwei Wagenräder genagelt. Dann schlug man an häufig begangener Stelle zwei Pflöcke in die Erde und befestigte darauf die Räder mit den Toten. Erfahrungsgemäß kamen in kürzester Zeit unter markerschütternden Schreien die Raben. Obwohl sie sich in Scharen auf den beiden Körpern niederließen, dauerte der Fraß viele Tage. Hunde waren auf Weisung des Vogtes fernzuhalten. Selbst nachdem für die Vögel nichts mehr zu holen war, ließ der Klosterbruder die makaberen Denkmale über Wochen hinweg weiterhin stehen.

DER LEIBMEDICUS LÄSST HOCHZEIT FEIERN

IM Jahr 1553 verstarb der sächsische Kurfürst Moritz an den Folgen einer Verwundung, die er auf dem Schlachtfeld bei dem nahe Hannover gelegenen Sievershausen erlitten hatte. Sein Nachfolger, der jüngere Bruder August, der schon zu Lebzeiten anerkennend von seinen Untertanen als »Vater« August bezeichnet wurde, galt als frommer Christ, dem jedoch Toleranz fremd war. Als ihm 1574 eine in Leipzig gedruckte Schrift in die Hand fiel, in der sich auch einige ihm nahestehende Männer offen zu der calvinistischen Lehre des Abendmahls bekannten, reagierte er außerordentlich unchristlich: Seinen Kanzler Dr. Georg Craco sperrte Kurfürst August in ein Verließ der Leipziger Pleißenburg ein, wo er nach massivem Foltern verstarb, seinen Leibarzt Dr. Caspar Peucer (ein Schwiegersohn Philipp Melanchthons) verbannte er in einen Kerker des Rochlitzer Schlosses. Peucer überlebte hier den Kurfürsten, doch als er in dessen Todesjahr 1586 die Freiheit wiedererlangte, war er an Leib und Seele ein gebrochener Mann.

Natürlich mußte wegen der Einkerkerung Peucers schnell ein neuer Leibmedicus her. Es ist denkbar, daß Kurfürst August bei seiner Entscheidung, wen er mit diesem Amt beehren sollte, nicht nur die medizinischen Fähigkeiten des Auszuwählenden im Auge hatte. Vermutlich sollte zugleich ein deutliches

Zeichen gegen Peucer und die Philippisten – den Anhängern Philipp Melanchthons – gesetzt werden. Ein vom religiösen Bekenntnis her untadeliger Lutheraner wäre ihm dafür gerade recht. Vielleicht war es ein Zufall, daß August hörte, einer der drei Söhne des verehrten Reformators Dr. Martinus Luther habe die hohe Kunst der Medizin studiert, stehe jetzt im einundvierzigsten Lebensjahr und erfreue sich als Medicus eines hervorragenden Rufes. Daß er darüber hinaus wie seine männlichen Geschwister, den im Dienst des Herzogs von Preußen stehenden Johann und den als Theologen wirkenden Martin, die väterliche Lehre unerschütterlich vertrete, wurde Kurfürst August von den konsultierten Beratern nachdrücklich bestätigt.

Der dem Ehepaar Luther am 28. Januar 1533 letztgeborene Sohn Paul hatte seinen Vater schon im Alter von dreizehn Jahren, seine Mutter, die aus dem Meißnischen stammende Katharina von Bora, mit Neunzehn verloren. Fleiß, Geschick und der nachwirkende Einfluß seines Elternhauses verhalfen dem jungen Mann und späteren Arzt zu gutem Ansehen und hinreichendem Einkommen. Der ehrenvolle Ruf in das Amt des Leibarztes bedeutete eine weitere Sprosse auf der Karriereleiter, dem Dr. Paul Luther selbstverständlich gern folgte. Über sein Wirken am Hofe ist wenig bekannt, doch ein Ereignis aus dem Jahr 1583 kündet davon, daß er sich höchster Wertschätzung erfreute.

Herrn Dr. Luther war eine Tochter Anna herangewachsen, die im Spätherbst vermählt werden sollte. Kurfürst August hatte am 31. Juli sein 57. Lebensjahr vollendet. Krankheiten plagten ihn mehr als üblich, und insofern ist während dieser Zeit der Kontakt mit dem Leibmedicus besonders eng. Bei einer solchen Gelegenheit wird Luther dem Kurfürsten erzählt haben, daß jetzt die Aufgebote für die Trauung seiner Tochter ausgebracht sind, die damals nicht allein deshalb veranlaßt wurden, um eventuellen Einspruch zu ermöglichen, sondern auch, um im weiten Umkreis Gottes Segen für die künftigen Eheleute erbitten zu lassen. Vermutlich hat der dankbare Dienstherr nicht nur angeboten, das renovierte Nossener Schloß für die Feierlichkeiten zur Verfügung zu stellen, sondern auch aus dem nahegelegenen Siebenlehner Jagdrevier eine größere Menge an Wildbret zu spendieren.

Der Leibmedicus hat freudig die Möglichkeit genutzt, die Vermählung seiner Tochter in einem so repräsentativen Rahmen feiern zu lassen, wie ihn damals das von Kurfürst August instandgesetzte Schloß bot. Möglicherweise ist der ursprünglich ins Auge gefaßte Zeitpunkt für den Tag der Trauung wegen des ansehnlichen Ortes verschoben worden, aber so, daß er noch vor dem Beginn der Adventszeit lag: Nach alter Gewohnheit durften während dieser Zeit wie auch während der Fastnacht keine Hochzeiten zelebriert werden. Der 15. November wurde nunmehr als Tag erwählt, an dem die Enkelin des Reformators im großen Saal des modernisierten Nossener Palais den Ring der Ehe aufgesteckt bekommen sollte.

Während Hochzeitsbriefe und ebenso mündliche »Compliments« (besonders höfliche Einladungen) von Braut und Bräutigam an die Gäste ergingen,

Blick in eine Hofküche des 16. Jh.

bereiteten der Nossener Amtsschösser und sein Gefolge das Fest vor. In einer solchen Dimension, wie sie der Leibmedicus begehen lassen wollte, hatte die Schloßmannschaft bisher noch keine Feier zu bewältigen gehabt. Vor gut zwei Jahren, im Juni 1581, war ein großes Jagdlager des Kurfürsten angekündigt worden. Dann fand es aber bei Mittweida statt, und die von Roßwein aus gelieferten 50 Kälber, 50 Schöpse und 60 Lämmer mußten glücklicherweise nicht in der beengten Nossener Schloßküche verarbeitet werden (erst im Jahr 1670 veranlaßt Kurfürst Johann Georg II. die Erbauung eines neuen Küchenstocks mit einem geräumigen Küchengewölbe im Erdgeschoß). Das, was jetzt nach der von Herrn Leibarzt Doktor Luther übermittelten Liste zu besorgen war, belief sich zwar auf weniger Gewicht, aber wies eine wesentlich größere Vielfalt aus. Im einzelnen hatte der Medicus zur Hochzeit seiner Tochter bestellt:

An Fleisch einen Ochsen, vier Kälber, acht Schöpse, ein Schwein und zweiundfünfzig geräucherte Zungen; an Geflügel zwanzig Gänse und sechzig junge Hühner; an Fisch anderthalb Zentner Karpfen, ein Zentner Hechte, hundertzwanzig Forellen und sechs Kannen kleine Fische. Außerdem standen auf seiner Bestellung sechshundert Eier, zwei Fässer Butter, Rosinen, Pflaumen, Äpfel, diverse Gewürze und noch viele weitere kleine Dinge.

Noch als der Amtsschösser darüber nachdachte, wie er die georderten Produkte rechtzeitig herbeischaffen, für die Verarbeitung in der Küche vorbereiten und dann aber so lagern könnte, daß sie bis zur Hochzeit keinen Schaden nehmen, erhielt er aus dem Siebenlehner Forst die Ankündigung weiterer Lieferungen. Dabei handelte es sich um die schon genannte Spende des Landesvaters. Die umfaßte 20 Zentner frisches Fleisch vom Hirsch, die gleiche Menge vom Wildschwein, aber gesalzen, zwei Rehe, acht Hasen sowie achtzig Rebhühner und anderes Federvieh. Obwohl ein spezielles Vorratshaus erst 1656 erbaut wurde, boten letztlich die Keller hinreichend Platz und – das vor allem – sicheren Schutz vor Diebstahl. Die Not und der Hunger waren zu jener Zeit nicht nur bei den Nossenern groß!

Ob Kurfürst August, vielleicht sogar mit seiner Gemahlin (die wie die Braut auch auf den Namen Anna getauft worden war), Kraft und Willen aufbrachte, am 15. November 1583 anläßlich der Trauung und der sich anschließenden Feierlichkeiten im Nossener Schloß zu weilen, ist nicht bekannt. Das Fest zog sich fast eine Woche lang hin. Die geladenen Gäste wie auch das Gefolge feierten im Saalgebäude; die Damen und Herren mit Rang und Namen im großen, festlich dekorierten Saal, die anderen in der schlicht gehaltenen Hofstube im Erdgeschoß. Es gehört nicht viel Phantasie dazu, sich bezüglich des Verlaufs zumindest eines Problems bewußt zu werden: Damals wie heute ist die zwar imponierende, aber auch steile steinerne Wendeltreppe zum und vom Saal für Personen normaler Konstitution kein nennenswertes Hindernis. Das ändert sich freilich unbestreitbar dann, wenn sich ein gewisses Quantum Alkohol im Blut befindet, wie es im 16. Jahrhundert mehr noch als in unseren Tagen bei Feierlichkeiten zu verzeichnen war. Bier und Wein müssen zur Vermählung der Jungfer Anna Luther in Strömen durch die Kehlen geflossen sein, denn die Rechnung, die der Nossener Amtsschösser am Ende des Festes Paul Luther präsentierte, wies hinsichtlich der Getränke den anderthalbfachen Betrag der Kosten für die reichlichen Speisen aus! Wie schade, daß die Wendeltreppe aus Stein ist und nicht erzählen kann...

EIN PEINLICHES VORKOMMNIS AUF DEM SCHLOSSHOF

ALS am 29. März 1619 in Dresden Herr Centurius Pflug, der »Churfürstl. Sächsis. wohlbestallte Kriegs-Obrister über alle deroselben Vestungen, Zeug- und Proviantháuser«, verstarb, ließ man im Nossener Schloß die Pferde anspannen. David Schmidt, der Amtsschösser, machte sich auf den Weg in die Residenzstadt, um an der Beisetzung in der Sophienkirche teilnehmen zu können. Pflug war bis zu seinem Ableben auch Hauptmann des Amtes Nossen und damit der Vorgesetzte David Schmidts gewesen. Beide Herren hatten sich anno 1615 in einer unangenehmen, weil teuren Angelegenheit gegenüber Kurfürst Johann Georg I. rechtfertigen müssen. Selbst jetzt, vier Jahre nach dem Vorfall, bekam Schmidt bei dem Gedanken daran ein flaues Gefühl in der Magengegend, zumal die Sache immer noch nicht abgeschlossen war.

Begonnen hatte die Geschichte eigentlich schon zu jener Zeit, als Nossen unter die Herrschaft des Klosters Zella kam. Das war 1430. Von jenem Jahr an durften die Einwohner nur noch das Klosterbier trinken. Die Verordnung wurde 1528 dahingehend gelockert, daß jeder Behausung jährlich das Brauen von drei Bieren nach eigener Vorstellung gestattet war. Bei der Bedeutung des Bieres im Alltag waren die erlaubten drei Termine für das kostengünstige selbständige Brauen bei weitem nicht ausreichend. Um einigermaßen preiswert über die Runden zu kommen, braute jeder Haushalt während der wenigen Brautage jeweils möglichst viel des edlen Gerstensaftes. Damit freilich ein gehöriges Quantum angesetzt werden konnte, benötigte man eine entsprechend große Braupfanne. Das ist jenes Gefäß, in dem das aus der Gerste gewonnene Malz durch den Maischprozeß zu Würze verarbeitet wird, was durch das Kochen der Maische erreicht wird. Eine solcher Kessel ist sehr teuer, so daß es von den Nossenern als vernünftige Lösung begrüßt wurde, eine Braupfanne auf dem Schloß gegen Entrichtung einer Gebühr nutzen zu dürfen. Nach der Aufhebung des Klosters 1540 ging die Pfanne in den Besitz der Kirche über, die selbstverständlich die alte Regelung beibehielt. Während der Amtshauptmannschaft des Centurius Pflug waren für ein Gebräu zehn Groschen und sechs Pfennig zu zahlen. Das bedeutete zwar allerhand Geld, aber indem man notfalls zusammenlegte, wurde es von den meisten Häuslern aufgebracht. Abgesehen davon: Das Wohl und Wehe, sprich die Eigenversorgung mit Bier der zu Beginn des 17. Jahrhunderts etwa 700 Einwohner (einschließlich Keseberg, Gruna, Eula und Breitenbach) hing also zu einem wesentlichen Teil von der zuverlässigen Funktionsfähigkeit der Braupfanne auf dem Schloß ab!

Kurfürst Johann Georg I. war ein Verbündeter aller solcher Zeitgenossen, deren Leidenschaft Essen und Trinken war. Des weiteren liebte er die Jagd über alles – über 113 000 Stück Wild sollen von ihm zwischen 1611 und 1653 erlegt worden sein –, so daß es

Schloß Nossen.

nicht Wunder nimmt, ihn und seine Gesellen des öfteren im Zellwald zu treffen. Im Jahr 1615 sollte hier wieder einmal eine große Jagd stattfinden. Amtshauptmann Pflug erhielt die Order, die schwere Braupfanne in den Schloßhof bringen zu lassen. Der Kurfürst wollte nach der Jagd einige Wildschweine brühen und dann zum Verzehr zubereiten lassen. Pflug gab dem Schösser Schmidt die nötigen Anweisungen. Der ließ derbe Holzscheite kommen und unter dem Kessel ein höllisches Feuer entfachen. Ehe man sich versah, brannte die Braupfanne durch – im Eifer war vergessen worden, Wasser einzufüllen. Der Wildschweinschmaus konnte nicht wie vorgesehen stattfinden; der von Natur aus nicht sonderlich feine Johann Georg wurde in seinen Beschimpfungen noch unfeiner. Er jedenfalls, so ließ er verlauten, werde keinen Groschen für den Schaden zahlen. Auf fünfzig Gulden benannte die Kirchgemeinde die für die angestrebte Reparatur erforderlichen Kosten, und sie wandte sich mit der Forderung an jene beiden Herren, die die Braupfanne geordert hatten.

Gezahlt haben weder der Amtshauptmann noch der Amtsschösser. Die Braupfanne konnte nicht genutzt werden. Man kann sich vorstellen, wie daraufhin der Zorn unter den Einwohnern »auf die da oben im Schloß« anschwoll. Zum Glück ließ die Kirche das Gefäß bald wieder instand setzen, das dann übrigens bis 1794 durchhielt. Die Hoffnung, irgendwann einmal eine Entschädigung zu erhalten, ist nie erfüllt worden, aber wenigstens konnte von der Kirchenverwaltung der Pfannenzins weiter kassiert werden.

DER GEFANGENE IM LIPS-TULLIAN-TURM

FURCHTERREGEND sieht er eigentlich nicht aus, der gewaltige Südturm des Schlosses Nossen. Dennoch hat es Zeiten gegeben, da blickte dieser oder jener Einwohner des Städtchens mit Schaudern auf den Koloß, als ob hier der Teufel selbst das Regiment führen würde. Vor zwei Jahrhunderten, an langen Winterabenden, wenn die Dunkelheit den geheimnisvollen Turm einhüllte und der Sturmwind bedrohlich pfiff, wenn man in den kargen Wohnstuben um den warmen Ofen zusammenkroch, dann mag beim flackernden Schein des Öllämpchens oder dem spärlichen Licht der Unschlittkerze so mancher Urahn der Kinderschar von dem Turm erzählt haben: Abgeschottet von der Außenwelt wurden hier Mörder und Räuber verwahrt, die oft genug selbst bei härtester Folter bösartig und verstockt blieben, ihre schlimmen Taten leugneten und erst im Angesicht des Scharfrichters ein Geständnis ablegten, bevor der sie dann vom Leben zum Tode beförderte. Einen der berüchtigtsten Verbrecher hielt man hier seit dem Spätherbst des Jahres 1713 fest. Ende April des Folgejahres wurde er nach Leipzig gebracht, schließlich geköpft und sein Körper zur Abschreckung aufs Rad geflochten.

So etwa wird man es zunächst von Generation zu Generation weiterberichtet haben, und so war es auch richtig. Irgendwann einmal setzten die Geschichtenerzähler den von Nossen nach Leipzig gekarrten Gewaltverbrecher mit dem Räuberhauptmann Lips Tullian gleich, und entsprechend benannte man dann auch – bis auf den heutigen Tag – den Turm nach dem Ganoven. Dabei mag es bleiben, aber die wahre Geschichte sei hier erzählt. Sie beginnt viele Wegstunden fort von Nossen in dem ehemals zur Burggrafschaft Dohna gehörenden Städtchen Glashütte.

Am 24. August 1713 ging gegen Mitternacht ein Gewitter mit starken Regenfällen über dem Ort nieder. Kein Mensch steckte bei diesem Unwetter den Kopf aus dem Fenster, geschweige denn, daß spätheimkehrende Einwohner auf der Straße anzutreffen waren. Diesen Umstand nutzten etliche Räuber. Aus einer Scheune holten sie eine Leiter und stiegen damit in die Kirche ein. Mit Brechstangen hebelten die Einbrecher eine Vielzahl von Schlössern an den Schränken sowie am Opferstock auf. Die Bande erbeutete Gold- und Silbergerät, das zum Teil mit Edelsteinen verziert war, einen größeren Geldbetrag sowie kostbare Altartücher. Abgesehen von dem Beutegut hatten die Ganoven enormen Sachschaden angerichtet, was den Zorn der Glashütter doppelt zum Kochen brachte.

Der nächste Vorfall führt uns nach Roßwein, also schon in die nächste Nähe zu Nossen und dem dikken Südturm des Schlosses. Man schrieb inzwischen den 18. Oktober. In den Mauern der Stadt beging man den Jahrmarkt. Nicht zuletzt der gute Ruf der einheimischen Tuch- wie auch der Schuhmacher zog viel Publikum regelmäßig auch von den umliegenden Dörfern und Flecken an. Einheimische wie Auswärtige kannten sich wenigstens vom Sehen her. Insofern fielen einige verwegen aussehende Personen auf, die offensichtlich wirklich fremd waren und denen daher wohl die besondere Aufmerksamkeit der Markthöker galt. Irgendwie ist es dann passiert. Eine knappe Notiz aus jener Zeit hält fest, daß die Fremden »ein und andere Kleinigkeit auff dem Jahrmarckt, mit List und Büberey, beygestecket hatten«. Sie wurden vorerst dingfest gemacht, wobei – wie weiter aufgeschrieben ist – auch ein Mann »ins Amt Nossen verabfolget«, der sich Christian Eckoldt nannte.

Sicher ist, daß der Sünder in jenen massiven Turm gebracht wurde, der schon vorhanden war, als Kurfürst August 1554 bis 1557 das Schloß umbaute. Im unteren Teil blieb dabei der Turm erhalten, im oberen Bereich entstand er neu und wurde fortan bis zum Jahr 1747 als Gefängnis genutzt. Nach entsprechenden Berichten gab es weitere Verließe, u. a. mit den neugierig machenden Namen Speckfresser und wilde Sau. Wo genau sie sich auf der Burg befanden, ist nicht mehr mit Gewißheit zu bestimmen.

In dem heute immer noch gut erhaltenen Turm stellte der Amtsschösser rasch fest, daß Eckoldt kein unbeschriebenes Blatt mehr war. Der Bursche hatte das Böttcherhandwerk erlernt und nach der üblichen Wanderschaft in Leipzig das Bürger- und Meisterrecht zugesprochen bekommen. Nachdem er einige Jahre ordentlich gearbeitet und dabei »eine ziemliche Geschicklichkeit erlanget«, geriet er auf die schiefe Bahn. Die Annalen berichten übrigens davon, daß dazu sein Eheweib mit ihrem »bösen und lasterhaften Gemüthe« den Anstoß gegeben habe. Insbesondere der Verdacht des Diebstahls häufte sich gegenüber Eckoldt im Verlauf der Jahre, so daß er Anfang Dezember 1710 verhaftet worden war. Aber selbst die »scharfe Inquisition«, die schwere Folter, konnte kein Geständnis bewirken – damals, im Februar 1712, mußte der Böttcher wieder auf freien Fuß gesetzt werden. Jetzt also war man seiner wieder habhaft geworden. Oben auf dem Schloß waren die Akten mit den Verdachtsmomenten aus früherer Zeit schnell beschafft. Das kleine Vergehen auf dem Roßweiner Markt schien klar auf der Hand zu liegen, aber nunmehr wollte man darüber hinaus erneut die früheren Vorwürfe aufgreifen. Nachdem 1706 die selbständige Nossener Amtshauptmannschaft aufgelöst worden war, mußte über den einheimischen Postverwalter Johann Georg Otto Nachricht nach Freiberg geschickt werden, um einen kompetenten Beamten auf das Schloß zu bitten. Der Freiberger Amtshauptmann höchstpersönlich zögerte nicht lange und beschloß, sich den Fahrkünsten des Herrn Otto anzuvertrauen, zumal dieser nicht nur als Postillion, sondern zugleich als Medicus und Apotheker wirkte. Die entsprechenden Künste und Medikamente brauchten die Reisenden des öfteren. Auch wenn die Fahrt mit drei bis vier Stunden (je nach Wetterverhältnissen) nicht allzu lange dauerte, wird der Amtshauptmann nicht gern gereist sein. Zum einen waren die Wege sehr schwierig – jedes Vierteljahr wurde zwischen Freiberg und Nossen ein Pferd unbrauchbar –, zum anderen war die Furcht vor Überfällen, Mord und Totschlag auf der nur von wenig Passanten bereisten Strecke sehr groß. Es lag noch gar nicht so lange zurück, da mußte z. B. eine in Roßwein stationierte Korporalschaft des »Churfürstlichen Leib-Regiments zu Roß« in den Zellwald beim Kloster beordert werden, um dort einen Verbrecher auszuheben, der sich von Raub und Mord ernährte. Angeblich prallten von dem Ganoven die bleiernen Kugeln ab. Erst als »mit einem eingeladenen silbernen Knopffe« gschossen wurde, »fällete der Leib zugleich mit zu Boden«, ist später (1722) in der »Alt-Zellischen Chronick« festgehalten worden.

Wie dem auch sei, der offensichtlich ehrgeizige Freiberger Amtshauptmann kam unversehrt in Nossen an. Im Südturm, dem Burgverlies, mühte er sich gemeinsam mit dem Amtsschösser und den Folterknechten vehement, den Böttchermeister zu einem Geständnis zu bewegen. Vergebens! Selbst die gefürchteten und dementsprechend erfolgreichen »Spanischen Stiefel« (Bein-Schrauben, die man auf die Waden und Schienbeine preßte und zusammenzog) bewirkten nicht das Ende der Verstocktheit. Woche für Woche verging, Weihnachten stand vor der Tür. Eckoldt beteuerte unermüdlich, weder in Roßwein gestohlen noch sonstwo jemals eine böse Tat vollbracht zu haben. Schon wollte der Nossener Amtsschösser vorschlagen, das Turmverlies für den Gefangenen zu öffnen und ihm die Freiheit wiederzugeben, da machte man eine sensationelle Entdekkung. Anläßlich einer Vernehmung vor einer speziellen Kommission durfte Eckoldt in seiner Alltagskleidung erscheinen. Bei dieser Gelegenheit kontrollierte der Stockmeister die Sachen und stieß unter der Hutkrempe auf ein kleines Päckchen. Als er es öffnete, fand er »6. Kugeln, die grösser als Erbisen und kleinen Hasen-Nüssen gleich waren«. Das mußte es sein! Teufelszeug, vom Satan höchstpersönlich bezogen, das in der Folter schmerzunempfindlich machte! Eckoldt beteuerte zwar, es handele sich um ein Mittel wider das böse Fieber, aber natürlich glaubte ihm niemand. Die verdächtigen Kugeln wurden unter Aufsagen frommer Sprüche sorgfältig beseitigt, und nun legten sich die Inquisitoren mit neuem Elan ins Zeug. Während der Torturen trieben sie zusätzlich Holzkeile zwischen die Beine und Schrauben. Ein anderer schlug zwecks weiterer Steigerung der Qualen mit dem Stock auf die Spanischen Stiefel. Der Gefangene im Turm brüllte bis zur Besinnungslosigkeit; vielleicht waren die Schmerzensschreie sogar noch außerhalb des Turmes zu hören. Fand Eckoldt wieder zu sich, folgte nicht das erwartete Geständnis. Als die Nossener Mannschaft nunmehr endgültig aufgeben wollte, kam ihr ein Zufall zur Hilfe, der den Inquisitoren zwar nicht direkt den Triumph einer Schuldbekennung brachte, aber immerhin schließlich zum Geständnis führte. Der Zufall hieß Lips Tullian alias Philipp Mengstein alias Elias Erasmus Schönknecht oder »Der Wachtmeister« – auf welchen Namen er wirklich getauft war und wie seine Eltern hießen, blieb bis in den Tod hinein sein Geheimnis. Wer war Lips Tullian? Der Mann stammte aus der Gegend um Straßburg, wo er – nach eigenen Angaben – 1675 als Sohn eines Leutnants und einer Amtstochter geboren wurde. Als 27jähriger erlitt seine bis dahin standesgemäße Entwicklung einen Knick, weil er unter nicht völlig durchschauba-

Lips Tullian.

ren Umständen einen Kontrahenten im Duell tötete. In der Folgezeit schloß er sich einer Räuberbande an, zu deren Hauptmann er schließlich avancierte. Im Kurfürstentum Sachsen häuften sich die Untaten so sehr, daß August der Starke am 16. September 1710 ein spezielles Räubermandat erlassen mußte, in dem u. a. verbesserte organisatorische Maßnahmen zur Verbrechensbekämpfung sowie verschärfte Strafen festgeschrieben wurden. Zuweilen soll Tullians Bande aus nahezu 60 Personen bestanden haben. Nach und nach gelang es, einzelner Mitglieder (von denen viele oft auch auf eigene Faust handelten) sowie des Anführers habhaft zu werden. Im Dezember 1713 wurde der Prozeß gegen die Lips-Tullian-Bande eingeleitet. In Anbetracht der erdrückenden Beweise zeigte sich Tullian nicht nur geständig, sondern plauderte in der Dresdner Festungshaft auch aus, daß ein gewisser Christian Eckoldt einer seiner Komplizen beim Kirchenraub in Glashütte und anderswo gewesen sei.

Jetzt war es mit Eckoldts Standhaftigkeit vorbei. Die Gegenüberstellung mit Tullian und einer Reihe anderer Inhaftierter löste nicht nur seine Zunge, sondern er zeigte sich reumütig. Ende April 1714 von Nossen aus nach Leipzig umquartiert, bekannte er sich dort vor dem »Churfürstlichen-Sächsischen Schöppen Stuhl« offiziell zu insgesamt 13 Verbrechen. Bezüglich der Tat in Glashütte vermeldet das Protokoll unter der laufenden Nummer 5: »… daß er die Kirche zu Glase-Hüte mit erbrechen und beraubet / auch das darinnen befindliche Geld / nebst der silbern Königs Kette entwenden helffen / davon er auch seinen Antheil Silber erhalten / und solchem zu Halle an ein und ein viertels Pf. vor 14. Thl. verkauften …«.

Neben Eckoldt und Tullian wurde weiteren 22 Männern der Prozeß gemacht. Außer den beiden zeigten sich noch sieben Personen geständig. Die

Christian Eckoldt.

neun Reumütigen wie auch die fünfzehn »Verstockten« zeichnete Lips Tullian höchstpersönlich auf Papier. Die Zeichnungen übermittelte er der Untersuchungskommission, wobei er nicht vergaß, insbesondere für sich und die anderen Geständigen um gut Wetter zu bitten. Diese neun Leute hätten sich zu Gott gewendet, schrieb Tullian auf die Bilder. Das Gericht ließ sich nicht beeindrucken. Fünf Angeklagte, darunter den Anführer und Christian Eckoldt, verurteilte es im November 1714 zum Tode.

Im Nossener Burgverlies wird man auf Eckoldt nicht nur körperlichen, sondern auch seelischen Druck ausgeübt haben. In die Hölle werde er kommen, wenn er sich nicht schuldig bekenne und um Vergebung seiner Sünden bitte. Jetzt, nachdem er seine Schuldigkeit getan, quälte ihn der Gedanke, ihm werde dennoch kein christliches Begräbnis zuerkannt werden. Eckoldt bat inständig darum, sein Leib möge unter die Erde kommen und nicht auf das Rad geflochten und dem Volk präsentiert werden. Bis zu August dem Starken drang die Bitte vor. Der entschied am 27. Februar 1715, daß keine Ursache vorhanden sei, den Vollzug der Todesstrafe weiter hinauszuzögern; die »Verwürckung des Cörpers in die Erde« sei nicht zu gestatten. Merkwürdigerweise wird ein zweites Mal beim Landesherrn deswegen interveniert. Der läßt Einblick in die Prozeßakten nehmen und dann – etwas schärfer im Ton – am 7. März erklären, es handele sich bei »Eckoldten um einen recht verleumten Dieb«. Morgen sei »ohne ferneren Anstand, oder weitere Rück-Frage, es werde auch dargegen eingewendet, was da wolle« das Urteil zu vollstrecken.

So geschah es. Zusammengepfercht mit den vier anderen zum Tode Verurteilten karrte man ihn auf den Platz des Hochgerichts vor dem Schwarzen Tor in der Dresdner Neustadt. Nach einer Andacht, dem Heiligen Abendmahl und Verlesung des Urteils zerr-

ten dann die Gehilfen des Scharfrichters den Christian Eckoldt auf den Richtblock. Mit »einem geschwinden Schwert-Streiche wurde der Kopff vom Leibe abgesondert« und der Körper anschließend auf das Rad geflochten. 20 000 Zuschauer, weit mehr als die Residenzstadt Einwohner hatte, sollen die Exe-

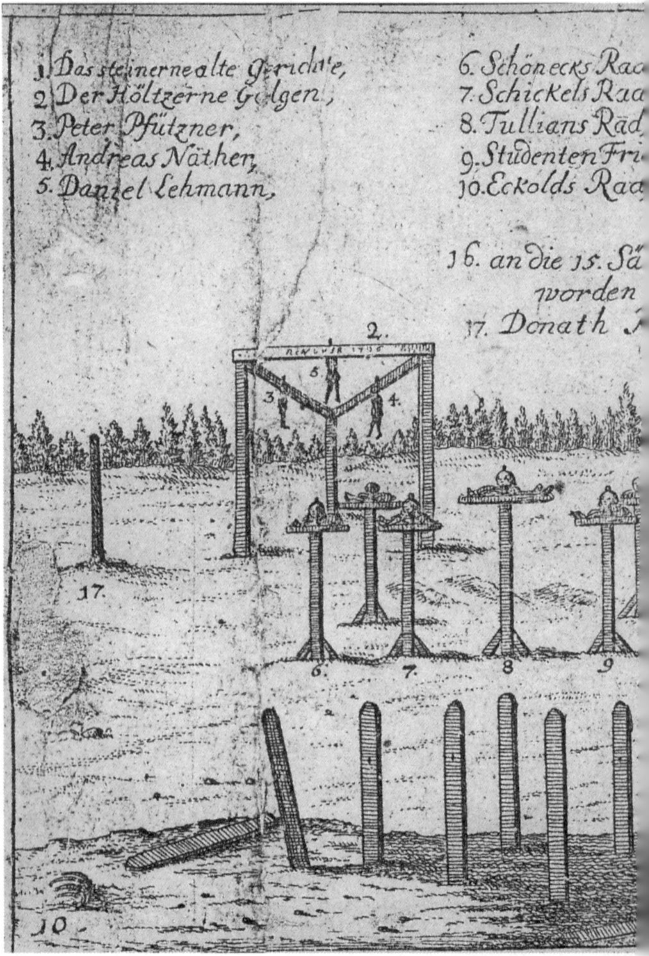

kution verfolgt haben. Ein Chronist des Ereignisses berichtet von 144 Kutschen und 300 Pferden – vielleicht waren auch einige Neugierige aus Nossen an-

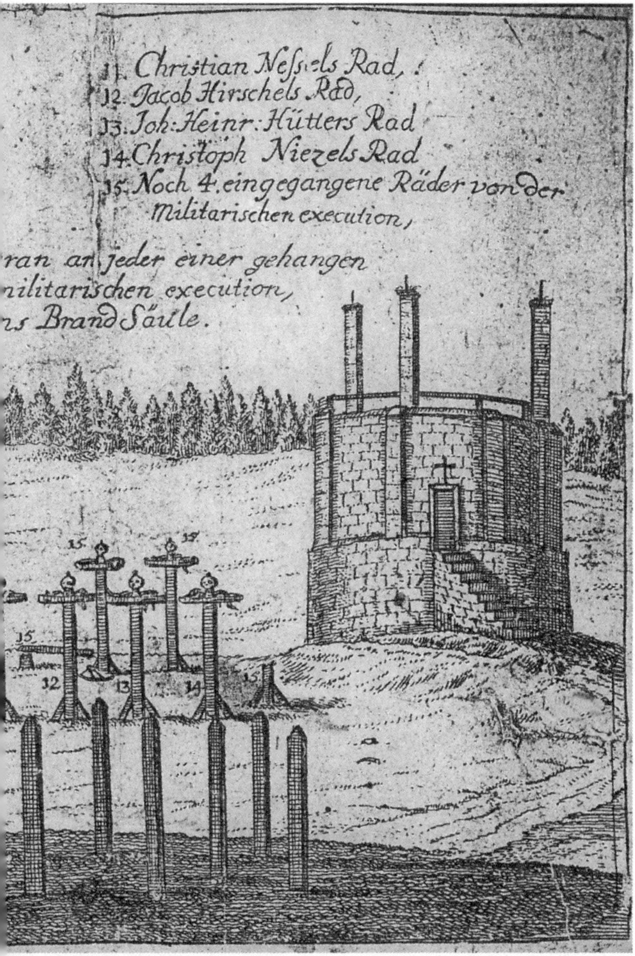

gereist. Um den versammelten und noch viele Tage später eintreffenden Schaulustigen publikumswirksam anzuzeigen, wer unter den Hingerichteten der

wichtigste war, setzte man die Radpflöcke der anderen tiefer in den Boden als den Pflock mit Tullians Leib. »Oben auf der Galgen-Mauer aufn Sande war eine Stellage, etliche dreißig Staffeln hoch, aufgerichtet, worauf ihnen die Köpfe abgeschlagen, und hernach aufs Rad geleget worden, und zwar waren 5. Räder in einer Linie aufgesetzet, davon das mittelste, worauf Lips-Tullian gelegt worden, anderthalb Ellen höher, als die anderen«, schrieb Iccander (Johann Christian Crell) 1720 in seinem »Kurtzgefaßten Sächsischen Kern-Chronicon« dazu auf.

Ob es wohl ehemals jemand auch für publikumswirksamer fand, den Südturm des Nossener Schlosses nicht Eckoldt-, sondern Lips-Tullian-Turm zu nennen?

DIE MISERABELE GRÄFIN COSEL

MAN schrieb das Jahr 1680. Immer noch wirkte in allen Orten der verheerende Dreißigjährige Krieg nach, und schon wieder zogen neue Ängste über das Land. Diesmal war es die Pest, die Jung und Alt auch im Kurfürstentum Sachsen Schrecken einjagte. In der Residenzstadt Dresden grassierte die Seuche, ebenso hart traf es Oschatz, Meißen, Freiberg, Rochlitz und Colditz, während das Nossener Amtsrevier im wesentlichen verschont blieb. Dennoch, für die Einwohner Nossens war das Jahr 1680 auf andere Art und Weise schicksalhaft. Am 28. August brach durch Fahrlässigkeit in der Neugasse Feuer aus. Ehe man es sich versah, standen die Nachbargebäude in Flammen, und nach wenigen Stunden hatte der Brand 62 Häuser, 6 Scheunen, das Malz- und Brauhaus sowie den Kirchturm vernichtet. »Nossen brandte fast gar aus«, notierte ein Chronist zu diesem Schreckenstag, einem Sonntag übrigens.

In diesem schicksalsschweren Jahr wurde am 17. Oktober auf dem Gut Depenau in Holstein der Familie Brockdorff ein Mädchen geboren, das auf den Namen Anna Constantia getauft wurde. Sechsunddreißig Jahre später wird Anna Constantia als Gräfin Cosel, als eine Person von »besonderer Qualität«, in das armselige Nossen transportiert und im Schloß für mehrere Wochen gefangengehalten werden. Doch soweit ist es noch nicht. Vorerst berichten die Zeitungen davon, daß die Pest wütet. In jener Woche, in der Anna Constantia zur Welt kam, raffte der schwarze Tod 224 Dresdner hinweg – »allein es sind wenig Leute von Qualität darunter«, hielt ein Berichterstatter fest. Solche Leute, die der Chronist meinte, hatten sich hinter dicken Mauern verschanzt oder waren in andere Domizile außerhalb der Pestregionen ausgewichen. In das Schloß nach Nossen wollte sich allerdings keiner aus der Residenz begeben, denn das zwischen 1554 und 1557 auf Geheiß Kurfürsts August wohnlich gestaltete Anwesen wurde fortan vorrangig als Jagd- und Reiselager benutzt, was nicht dazu anregte, hinsichtlich des Komforts auf der Höhe der Zeit zu bleiben. Auch nach Errichtung eines Amtshauptmannsgebäudes mitten in den Wirren des Dreißigjährigen Krieges und dem Bau eines Küchenflügels um 1670 hielt sich die Anziehungskraft des Schlosses auf die Leute von Adel in Maßen.

Viel war also nicht los, da oben auf dem Schloß, sagten die Nossener. Die geplagten Bürger (1701 hatte es erneut einen gewaltigen Brand gegeben, 1706 und 1707 sorgten marodierende Schweden für Kummer) konnten zwar zur Kenntnis nehmen, daß ihr Kurfürst Friedrich August, den die Nachwelt später August den Starken nennen wird, anno 1715 immerhin schon zum dritten Mal auf dem Schloß für Stunden Station einlegte, aber dennoch erstarben das Städtchen und sein Schloß bei aller Armut und vielfältigen Sorgen in der Langweiligkeit des Alltags. Doch dann war das Jahr 1716 und der graue Monat November heraufgezogen. Am 16. Tag des »schedlichen Wintermons« mit dem ersten Schneefall traf aus dem nahen Roßwein eine aufsehenerregende Nachricht ein. Vor dem Döbelschen Tore hatte dort eine hochschwangere Frau den Brautgang eines jungen Paares aus dem Stubenfenster heraus beobachtet. Ein leichtsinniger Tuchknappe spielte indessen an seiner Flinte herum, ein Schuß löste sich und traf die Schwangere tödlich am Kopf. Trotz sofortiger Leichenöffnung konnte das ungeborene Kind nicht gerettet werden. Der Täter sei flüchtig, doch starke Suchtrupps wären ihm auf der Spur. Weit könne er nicht gekommen sein, und sicher würde er bald aufgespürt. In den nächsten Tagen sei wohl damit zu rechnen, daß er hierher in das massive Turmverlies des Schlosses eingeliefert werde. Als das Wachkommando im Schloß eilig auf siebzig Mann verstärkt wird, sehen die Nossener das als untrügliches Zeichen dafür an, daß die Verwahrung des Todesschützen unmittelbar bevorsteht.

Sechs Tage vergehen, ohne daß die erwartungsgestimmten Bürger den Übeltäter in Augenschein nehmen können. Endlich, am 23. November 1716, eine Woche nach dem schlimmen Vorfall in Roßwein, nähert sich gegen Mittag aus westlicher Richtung eine stark eskortierte Kutsche dem Ort. Das muß er sein, der leichtsinnige Bursche, der zwei Menschenleben auf dem Gewissen hat! Die Kunde läuft wie das sattsam bekannte Feuer von Haus zu Haus, und nicht wenige Nossener eilen dem Wagen entgegen, um sich lange genug den Mann anblicken zu können, der dann für einige Zeit hinter den Schloßmauern verborgen sein wird. Das Begleitpersonal läßt nicht einen einzigen der Schaulustigen in die Nähe des Gefährtes kommen. Dennoch kursiert plötzlich eine Nachricht, die noch weitaus mehr elektrisiert als jene von dem Tuchmachergesellen: In der Kutsche, die wie beim Transport eines Gewaltverbrechers bewacht wird, sitzt eine junge Frau, deren Namen nahezu jeder im Ort schon einmal vernommen hat – Gräfin Anna Constantia von Cosel, die langjährige Mätresse Augusts des Starken. Bevor die Neugierigen recht begreifen können, welchem Ereignis sie hier zusehen, ist der Wagen rasch den Hügel zum Schloß hinaufgerollt und über die Brücke im Gebäude verschwunden. Krachend fallen die massiven Torflügel zu. Nicht wenige der Nossener bekommen vor ratlosem Staunen den Mund nicht wieder zu. Was ist geschehen?

Vor nunmehr fast zwölf Jahren, im Dezember 1704, hatte zwischen der damals noch mit dem Grafen Adolf Magnus von Hoym verheirateten Anna Constantia von Cosel und August dem Starken eine Affäre begonnen. Die Beziehung zwischen dem Herrn aller Sachsen und seiner Mätresse war alles andere als ein Staatsgeheimnis; im Gegenteil, nachdem die schöne Gräfin ihrem Liebhaber vier Kinder geboren hatte und davon drei am Leben blieben, legitimierte diese der Landesherr vor aller Augen als seine eigenen. Ein späteres Eheversprechen und eine Pensionszusage rang die Cosel dem Kurfürsten ebenfalls ab. Der entsprechende Vertrag sollte freilich nicht öffentlich gemacht, sondern von der Gräfin solange als vertrauliches Dokument aufbewahrt werden, bis Augusts angetraute Ehefrau Christiane Eberhardine das Zeitliche segnen würde.

Anna Constantia Gräfin Cosel.

Nach knapp einem Jahrzehnt stürmischer Beziehungen zwischen der Cosel und dem Kurfürst löste dieser das Verhältnis, unter anderem deshalb, weil sich die nicht nur gutaussehende, sondern auch kluge Frau zunehmend mehr in politische Vorgänge einmischte. August verlangte den Vertrag zurück, die Gräfin weigerte sich, was schließlich zu ihrer Verhaftung führte. Der Gewaltakt erfolgte am 21. November 1716 in Halle, also auf preußischem Territorium, wo sich die flüchtige Anna Constantia seit Dezember 1715 aufhielt. Auf dem Transport der Verhafteten von Halle in sächsisches Gewahrsam wird in Merseburg übernachtet. Hier zögern zwei wachhabende sächsische Offiziere nicht, die ehemals so stolze Schönheit, die frühere heimliche Herrin über alle Untertanen des Kurfürstentums Sachsen, mehrmals bis zur Bewußtlosigkeit zu vergewaltigen. Am folgenden Tag geht die Fahrt weiter nach Leipzig, wo – wen wundert es – massive Anzeichen einer ernsthaften Erkrankung der gedemütigten Gräfin zutage treten. Dennoch, die Gefangene soll Richtung Dresden verbracht werden. Am nächsten Morgen setzt sich die Kolonne erneut in Bewegung; gegen Mittag trifft sie in Nossen ein.

Höchstwahrscheinlich hatte sich der in Warschau weilende Kurfürst, der zugleich König von Polen ist, noch nicht endgültig entschlossen, wo schließlich die Reise der verhafteten Cosel enden sollte. Die Vorbereitungen im Nossener Schloß deuten darauf hin, daß zumindest ein längerer Aufenthalt ins Auge gefaßt ist. Drei größere Zimmer und eine Kammer sind für die Gräfin sowie ihren Sekretär, ihr Kammermädchen und einen Kammerdiener vorbereitet. Oberst Thiemann, der über die insgesamt siebzig Soldaten und Offiziere des Wachkommandos die Befehlsgewalt ausübt, hat genaueste Instruktionen für den Umgang mit der prominenten Gefangenen in der Hand. Die männlichen Nossener Bürger, sonst nach der seit 1690 gültigen Städteordnung zur Schloßwache verpflichtet, werden vorläufig davon entbunden. Die militärische Mannschaft hat insbesondere darauf zu achten, daß größere Behältnisse das Schloß nicht unkontrolliert verlassen und Gitter vor den Fenstern angebracht sind. Die Kamine müssen auf Fluchtmöglichkeiten hin untersucht werden. Des weiteren ist fixiert, daß niemand auch nur ein Wort an die Gräfin richten darf und ihr keinerlei schriftliche Nachrichten zugehen, und selbstverständlich hat auch keiner das Recht, ohne ausdrückliche Genehmigung Thiemanns in das Schloß eingelassen zu werden.

Schon vier Tage nach der Einlieferung der Gräfin muß die Order bezüglich des Zugangs zum Schloß gelockert werden. Soeben hatten die mißtrauischen Dresdner Hofschranzen Oberst Thiemann abgelöst und Johann Holm, einen energischen und der Obrigkeit treu ergebenen Hauptmann an dessen Stelle gesetzt, da mußte dieser ein schwerwiegendes Problem lösen: Die kostbare Staatsgefangene erlitt am Abend des 27. November einen Schlaganfall. Was ist jetzt zu tun? Ratlos stehen Holm, die Dienerschaft der Gräfin sowie eine kenntnisreiche Dame von Adel namens Meggenburg, die sich vermutlich nur zufällig seit einiger Zeit in dem Schloß aufhält, am Bett der mal ohnmächtigen, mal Übelkeit artikulierenden Anna Constantia, deren rechte Körperhälfte völlig gelähmt ist. Genauer gesagt, wissen nur Frau von Meggenburg und die Lakaien vorerst nicht, was zu tun ist. Der Hauptmann jedenfalls läßt sich einen schweren Tisch, eine Ölfunzel und Schreibzeug bringen und verfaßt einen Bericht an seinen Vorgesetzten in Dresden, den Gouverneur Janus von Eberstedt.

Indessen verschlechtert sich der Zustand Gräfin Cosels von Stunde zu Stunde. Da nimmt die Dame

Meggenburg das Heft des Handelns in die Hand. Ob es wohl im Ort ein Hospital gibt, so lautet ihre besorgte Frage. Von den Umstehenden weiß keiner Bescheid, aber natürlich bekommt man schnell Auskunft. Pfarrer Christianus Montanus, von der nur wenige Meter vom Schloß entfernten Pfarre vorsorglich herbeigeholt, ist zwar auch kein »richtiger Einheimischer«, kennt sich aber dennoch bestens aus. Der selige Kurfürst Vater August habe schon 1565 die Erlaubnis erteilt, auf einem von ihm der Gemeinde geschenkten Stück Gottesacker ein entsprechendes Gebäude errichten zu dürfen. Bis heute könnten dort Kranke untergebracht werden, doch er rate davon ab. Die Arbeit dort mache der »Spittelmann« mit seiner Frau, doch außer er aufs Totengraben und sie aufs Leichenwaschen verstehen sich die beiden auf nichts anderes. Nein, man hätte schon seit jetzt 33 Jahren sowohl eine Apotheke und einen Apotheker als auch »im tiefen Graben unterm Schloßberg« eine Baderei und einen Bader, und da wäre es schon besser, man hole diese Herren her.

Hauptmann Holm zögert einige Zeit. Doch dann entschließt er sich angesichts der ernsten Lage der Kranken, nach dem Zutritt des Pfarrers zum Schloß erneut einen Verstoß gegen die Bewachungsorder zu riskieren. Der Pharmaziegelehrte wie auch der mit Baden, Schröpfen, Haarabschneiden, Balbieren, Aderlassen und ein wenig mit der kleinen Chirurgie vertraute Bader haben Mühe, in dem mit Vorhängen abgedunkelten Raum die Gräfin zu betrachten. Als man Licht in das Zimmer läßt, sind sie über den Zustand der Frau erschrocken. Die Gräfin phantasiert

Das Hospital in Nossen zur Coselzeit.

offensichtlich, hat hohes Fieber und sträubt sich mit wilden Bewegungen gegen die Aufnahme von Speisen und Getränken. Helfen könnten sie wohl nicht, da müßte schon eine größere Kapazität her. Kommandant Johann Holm ist unentschlossen; ihm lägen dazu keine Befehle vor.

Frau von Meggenburg erweist sich immer noch als die hilfreiche Seele. Ihr ist klar, daß mit den militärischen Vorgesetzten Holms Kontakt aufgenommen werden muß – diese, so hofft sie, werden sich dann wohl mit den Beamten der Residenz und vielleicht sogar mit dem Kurfürsten selbst abstimmen. In solch einem elenden Zustand kann die ehemalige Geliebte des Landesherrn, die immerhin die Mutter dreier seiner Kinder ist, doch nicht vom Fürstenhof vergessen werden! Er müßte bloß erfahren, der vielbeschäftigte Kurfürst und König, welches schlimme Schicksal der Gräfin Cosel in dem kärglichen Krankenzimmer auf dem Nossener Schloß widerfährt.

Die Meggenburg läuft runter in den Ort zum Haus Nummer 9 am Markt. Dort kündet ein Schild davon, daß sich hier die Postverwaltung und zugleich ein Fahrbetrieb nach Freiberg und Dresden befinden. Sie staunt nicht schlecht, als sie in dem Inhaber den Apotheker wiedererkennt, der schon bei der Gräfin am Krankenbett gestanden hatte. Johann Georg Otto, so der Name des Pharmazeuten, klärt Frau von Meggenburg rasch auf: Er betreibe seit 1704 zwar den Post- und Fahrbetrieb, sei aber auch Apotheker und dazu noch Medicus. Helfen wolle er gern, aber die Furcht, bei der berühmten Dame einen medizinischen Fehler zu begehen, sei übergroß. Eine einfache Kutsche freilich zur Fahrt in die Residenz stehe sofort zur Verfügung. In Dresden trifft die eifrige Samariterin in der Kürze der Zeit niemand, der Hilfe verspricht. Als sie nach Nossen zurückkommt und den unverändert jämmerlichen Zustand Anna Constantias sieht, faßt sie sich ein Herz und schreibt einen Brief an Jakob Heinrich Graf von Flemming, der im Rang eines Generalfeldmarschalls steht und wohl am ehesten Macht hat, zügig etwas zu bewegen:

»Die arme Gräfin Cosel ist miserabel. Man hat sie unterwegs todkrank von Halle geholet, der Schlag hat sie gerührt, die ganze rechte Seite ist lahm. Sie ißt und trinkt nichts, es ist recht zum erbarmen. Die Geistlichen sind bei ihr, um sie zu trösten. Sie hat die schwere Noth fort und fort. Wie sie die 70 Mann gesehen, so erschrack sie und sagte, was sollen soviel Leute bei mir armen Frau. Sie ist so miserabel, daß es einen Stein erbarmen möchte.«

Frau von Meggenburg erreicht tatsächlich, daß nunmehr in Dresden gehandelt wird. Welche Fäden im einzelnen nach ihrem Brief an Flemming gezurrt wurden, läßt sich nicht mehr nachvollziehen. Wie dem auch sei: Aus der Residenzstadt kommt nicht nur schlechthin eine medizinische Kapazität angereist, sondern der gegenwärtig Erste seines Faches höchstpersönlich, nämlich der »Geheime Leybarzt« eines Herrn, dessen offizieller Titel zu jener Zeit folgendermaßen lautet:

»Friedrich August, König in Pohlen etc. Hertzog zu Sachsen, Jülich, Cleve und Berg, auch Engern und Westphalen, des Heilgen Römischen Reichs Ertz-Marschall und Chur-Fürst, Landgraf in Düringen, Marggraf zu Meissen, auch Ober- und Nieder-Lausitz, Burggraf zu Magdeburg, Gefürsteter Graf zu Henneberg, Graf zu der Marck, Ravensberg und Barby, Herr zum Ravenstein etc.«

Diese lange Liste von Ämtern subsumiert sich umgangssprachlich in der Bezeichnung August der Starke. Der hat offensichtlich zugestimmt, daß sein Leibmedicus Hofrat Dr. Tropaneger sich der Cosel annehmen darf. Der Arzt erkennt in dem düsteren Zimmer im Schloß auf den ersten Blick nicht nur die bekannten Symptome eines Schlaganfalls, sondern auch die seelischen Qualen der verstoßenen Mätresse. Aus seinem riesigen Handkoffer kramt er eines der aktuellen Nachschlagewerke über die sichersten und besten Arzneien heraus, und zwar jenes des Christian Friederich Richter, der einer der berühmten Mitarbeiter der hochangesehenen Apotheke des Waisenhauses zu Halle ist. Auch wenn gerade jetzt ein Streit aufflammte, ob wirklich Richter oder doch ein anderer die vielgerühmte Essentia dulcis erfunden hatte, im Moment schert das Hofrat Tropaneger nicht. »Bey der Apoplexia Phlegmaticorum«, liest Tropaneger nach, »nützt das Aderlassen nicht viel…, sondern man kan, wenn sie vom Schlage gerühret

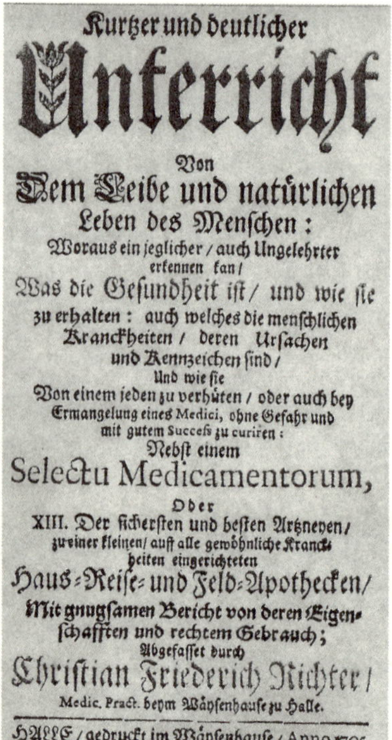
Kurtzer und deutlicher
Unterricht
Von
Dem Leibe und natürlichen
Leben des Menschen:
Woraus ein jeglicher / auch Ungelehrter
erkennen kan /
Was die Gesundheit ist / und wie sie
zu erhalten: auch welches die menschlichen
Kranckheiten / deren Ursachen
und Kennzeichen sind /
Und wie sie
Von einem jeden zu verhüten / oder auch bey
Ermangelung eines Medici, ohne Gefahr und
mit gutem Succeß zu curiren:
Nebst einem
Selectu Medicamentorum,
Oder
XIII. Der sichersten und besten Artzneyen /
zu einer kleinen / auff alle gewöhnliche Kranck-
heiten eingerichteten
Haus- Reise- und Feld-Apothecken /
Mit gnugsamen Bericht von deren Eigen-
schafften und rechtem Gebrauch;
Abgefasset durch
Christian Friederich Richter /
Medic. Pract. beym Wäysenhause zu Halle.
HALLE / gedruckt im Wäysenhause / Anno 1705.

worden, an den Schläffen und an den Wirbel wie auch am Genick sonderlich mit Essentia Dulcis wegen ihrer durchdringenden Krafft, das Haupt und die Nerven sehr empfindlich stärcket, salben«. Wesentlicher Bestandteil des heiß empfohlenen Mittels war eine Goldtinktur, die nach dem Originalrezept des Halleschen Waisenhauses aus holländischen Dukaten gewonnen werden sollte.

Ohne Zweifel werden sich der Arzt wie der Apotheker allergrößte Mühe gegeben haben, die Essentia dulcis genau nach Vorschrift herzustellen. Eine leichte Verbesserung im Zustand der Gräfin Cosel trat aber eher durch die menschliche Zuwendung als durch das Wundermittel ein. Anna Constantia hat es sehr wohl als ein ermutigendes Zeichen verstanden, daß der Leibarzt des Königs und Kurfürsten persönlich nach Nossen kam. Die tröstenden Worte des Hofrats, seine Anweisung, ständig eine Krankenwärterin am Bett Anna Constantias zu plazieren, und schließlich seine Mitteilung, der Apotheker-Medicus werde bis auf weiteres das Schloß nicht verlassen, sondern jederzeit zur Verfügung stehen, sind ihr eine weitere große Erleichterung, wenn sie an die leidvollen Erfahrungen mit den beiden Offizieren in Merseburg denkt. Tropaneger, der sich aus persönlichen Gründen der Gräfin zu Dank verpflichtet fühlt (die Cosel hatte zu ihren Glanzzeiten am kurfürstlichen Hof dafür gesorgt, daß einer seiner Söhne in Dresden die Approbation erhielt), reist mit dem Gefühl der Erleichterung nach Dresden zurück.

Die kalte Winternacht nach der Abreise des mitfühlenden Hofrats ist noch nicht zu Ende gegangen, da nehmen die gesundheitlichen Probleme der Gräfin schon wieder zu. Morgens gegen vier Uhr wird Hauptmann Holm von der Krankenwärterin an das Bett der Cosel gerufen, weil sich diese in Zuckungen und Krämpfen windet. Der Kommandant bringt den Sachverhalt schnell zu Papier und läßt das Schreiben mittels eines Eilboten in die Residenz zu seinem Vorgesetzten Janus Eberstedt bringen. Dieser ersucht den gerade aus Nossen eingetroffenen Tropaneger, möglichst umgehend zurück zum Schloß zu reisen. Der kommt selbstverständlich dem Anliegen nach.

Währenddessen hat Johann Holm im Krankenzimmer der Gräfin Gelegenheit, näheres über den seelischen Kummer der Anna Constantia von Cosel zu erfahren. Dreh- und Angelpunkt ihrer die körperlichen Leiden verschlimmernden Qualen ist August der Starke, der sie so kaltherzig verstoßen hat. Ihm, dem König, möchte sie ihre Gram mitteilen. Wenn sie sich nur sicher sein könne, daß der König den Brief auch erhält! Holm solle doch dazu bitte bei Eberstedt anfragen. Der Hauptmann kommt dem Wunsch tatsächlich nach: »Sie möcgten ihr doch schreiben, ob es ihr erlaubt werde an Höchstgedachte KM (Königliche Majestät, D.N.) zu schreiben und ob dieselbe den Brief gewiß bekommen würde, wo nicht, so wolle sie auch nicht schreiben«, teilt er seinem Vorgesetzten mit. Überhaupt erweist sich Holm als eifriger Briefeschreiber. Das gibt uns heute die Möglichkeit, den Aufenthalt der Gräfin Cosel auf dem Nossener Schloß nachvollziehen zu können.

Dr. Tropaneger trifft am Abend gegen sieben Uhr wieder auf dem Schloß ein. Holm hat nicht übertrie-

Pflanze mit Scharlachkörnern.

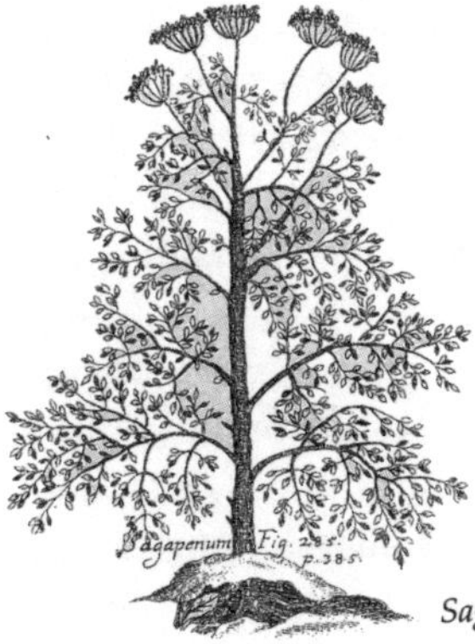

Sagapenum.

ben, stellt er fest – es geht der Gräfin schlechter als am Vortag. Wieder schlägt der Arzt in den neuesten Kompendien nach und entschließt sich dann zu einer Behandlung mit zwei verschiedenen Medikamenten, dem »Confectio Alkermes« und dem »Sagapenum«. Das erstgenannte Mittel wird aus den Scharlachkörnern eines ähnlich der Stechpalme aussehenden, auf der iberischen Halbinsel beheimateten Strauchs gewonnen. Die zugeschriebenen Wirkungen klingen vielversprechend, denn »sie ersetze und erfrische die Lebensgeister, stille das Hertzklopfen, steure den Ohnmachten, stärcke das Gehirn, samt den anderen edlen Theilen des Leibes, verjage die Melancholey und Traurigkeit, und erhalte den Leib und das Gemüthe in gutem Wohlstande.« Sagapenum wäre, so liest es Tropaneger im Buch seines dänischen Kollegen Wormius, »ein gantz unvergleichliches Mittel gegen die schwere Noth und Schlag«, das freilich nur aus einer in Persien wachsenden Pflanze gewonnen werden könne.

Es fordert also Mühe und Kosten, die Heilmittel zu besorgen. Die werden nicht gescheut, doch ein durchgreifender Erfolg stellt sich nicht ein. Im Gegenteil, die Cosel habe »das böse Wesen, Zucken und Werken«, schreibt Holm nach Dresden, und auf den Armen hätten sich große Blasen gebildet. Der Nossener Bader bekommt den Auftrag, die aufgeblähten Gebilde zu öffnen. Als er sich der Sache annimmt, liegt die Gräfin in tiefer Ohnmacht, aus der sie auch während der Operation nicht zu sich kommt.

Inzwischen zeigt der Kalender das Ende des Monats November an. Die Zucht und Ordnung, die noch vor einer Woche auf dem Schloß bestand, ist erheblich aus den Fugen geraten. Hauptmann Holm hat weder die ihm unterstehenden Offiziere geschweige denn die Soldaten im Griff. Den braven Nossenern kommt ihre Stadtordnung jetzt wie ein Hohn vor, wenn sie daran denken, daß Spielen und Trinken außer an Jahrmarkts- und Kirchweihtagen nach zehn Uhr Abends bei 15 Groschen Strafe eigentlich verboten ist, ebenso das »Tabaktrinken« (das Rauchen) außerhalb der Wohnstuben, und zwar wegen der Brandgefahr. Oben auf dem Schloß scheinen die Trinkgelage nicht zu enden, und wenn die wachfreien Soldaten durch die schlammigen Gassen des Ortes stolpern, rauchen sie schlimmer als die Schlote der Häuser. Zwei Mann aus der Wachmannschaft sind schon desertiert. Wie froh wäre Holm jetzt gewesen, man hätte vor zwei Jahren nicht die steinerne Zufahrt zum Schloß erbaut und die Zugbrücke erhalten, die beim Brückenbau abgetragen worden war! Momentan ging es im Schloß wie in einem Taubenschlag zu, denn nicht wenige der Nossener und aus den umliegenden Flecken fanden einen guten Grund zum dringend erforderlichen Besuch des Amtsschössers Johann Erhard Kirstan. Dessen Büro war nun einmal nur vom Schloßhof her zugänglich, und oft genug rollten die Besucher mit Pferd und Wagen geradewegs über die Steinbrücke auf den Hof. Kurz und gut, Johann Holm war seines Postens mehr als überdrüssig. Aber noch hielt er durch, wobei es ihn motivierte, daß sein Vorgesetzter die komplizierte Situation nicht nur gut verstand, sondern im geziemten Rahmen sowohl mit seinem Offizier wie auch mit der zu bewachenden Gräfin Mitgefühl zeigte. Die Grüße und guten Besserungswünsche, die Janus von Eberstedt über Holm ausrichten ließ, meinte er aufrichtig. Nicht nur einmal sorgte er für die Lieferung von Nahrungsmitteln und Getränken, von verordneten Medikamenten sowieso, und sogar der Oberhofprediger aus der Residenz sprach auf Veranlassung Eberstedts der Cosel am Krankenbett im Nossener Schloß Trost zu.

Allmählich nimmt die Gräfin wieder Anteil an dem Geschehen um sie herum, zögernd stellt sie Fragen nach dem Schicksal ihrer Kinder, ihres Haushalts und nicht zuletzt nach ihrem eigenen künftigen Los. Ein wenig Geld brauche sie, bringt sie in einem Brief an ihren Verwalter Christian Kluge zu Papier, um vor allem der Krankenwärterin und der Dienstmagd etwas geben zu können. Gut eine Woche ist seit ihrem Schlaganfall vergangen, als sie das erste Mal probiert, vom Bett aufzustehen und einen Blick in den Schloßhof zu werfen. Der Versuch gelingt zwar, doch es stellen sich Zuckungen ein, die Anna Constantia ängstlich und noch unsicherer machen. Die sicher willige, aber wenig geschickte Wärterin führt sie schleunigst zurück auf ihre Lagerstätte, auf die sie mehr stürzt als sacht zum Liegen kommt. Sie fröstelt und wünscht sich – auf eigene Kosten – den Einbau eines leistungsfähigen Kamins. Die nächsten Tage verbringt die Gräfin appetitlos im Bett. Stundenlang fließen die Tränen. Dem Bader aus dem Ort, der morgens und abends zum Verbinden der von den geöffneten Blasen zurückgelassenen Wunden vorstellig wird, erscheint die Frau in ihrer Geistesabwesenheit geradezu unheimlich. Obwohl er gutes Geld erhält, geht er viel lieber, als das er kommt.

Hauptmann Holm notiert wie immer sorgfältig alle Vorgänge am Krankenlager und kommt zu dem Schluß, die Gräfin brauche qualifizierteres Pflegepersonal. Das teilt er Eberstedt brieflich mit und entschließt sich dann auch zu der untertänigen Bitte, der Gouverneur möge ihn »aus disem bösen Commando bald absolvieren«, also bald versetzen. Doch Eberstedts Entscheidungsspielraum sind engere Grenzen gesetzt. Längst ist der Umgang mit der Arrestantin auf Schloß Nossen wieder in das tätige Interesse der Kabinettsminister Augusts des Starken gerückt, insbesondere des für die Finanzen zuständigen Barons

Woldemar von Löwendahl. Der Minister und Oberhofmarschall verdankt seinen Posten der Gräfin Cosel. Er ist ihr Vetter, und sie hat ihn vor zehn Jahren aus dem Holsteinschen holen und ihn am Hofe in den Dienst des königlichen Kabinetts nehmen lassen. Ahnt Anna Constantia, daß ihr Günstling jetzt einer ihrer schärfsten Widersacher ist? Holm möge sich vor den Tücken der Gräfin sehr hüten, schreibt Löwendahl direkt nach Nossen an Holm. Außerdem verlangt er – die Krankheit und die entsprechenden Möglichkeiten seiner ehemaligen Gönnerin völlig verkennend – nach einem Bericht, wie einer möglichen Flucht vorgebeugt worden ist. Voller Mißtrauen veranlaßt er außerdem die wiederholte Durchsuchung der wenigen persönlichen Utensilien Anna Constantias.

Natürlich wäre eine Flucht der an das Bett gebundenen Gefangenen ohne massive fremde Hilfe unmöglich. Mit einer solchen Unterstützung durch Dritte ist aber kaum zu rechnen. Holm weiß das sehr gut. Dennoch hat er zur Beruhigung der Obrigkeit in Dresden besondere Maßnahmen veranlaßt, über die er an Löwendahl berichtet. So z. B., daß »das Mensch, welches die Stube auskehrt und ihr den Nachtstuhl austrägt«, immer von einem Wachoffizier begleitet wird oder daß ein Gatter und noch ein Schlagbaum der Zufahrt zum Schloß vorgelagert worden sind.

Um die Dezembermitte herum erhält Gouverneur Eberstedt von Minister Löwendahl die Mitteilung, daß nunmehr das »Theater von Nossen« geändert werden müsse. Der Baron meint nicht etwa die Herstellung solcher Bedingungen auf dem Schloß, die der Gesundung der Gräfin förderlich sind, um damit der Cosel gegenüber eine alte Dankesschuld abzutragen. Nein, die Order gipfelt in der Festlegung, die Arrestantin so schnell wie möglich auf die Festung Stolpen zu befördern. Vorausgegangen war am 9. Dezember ein Brief Augusts des Starken aus Warschau an Löwendahl und seinen Ministerkollegen Christian Heinrich Graf von Watzdorf. In dem Schreiben hatte er den Herren bezüglich der weiteren Unterbringung seiner ehemaligen Geliebten freie Hand eingeräumt. Eberstedt gibt den Befehl zur möglichst unauffälligen Verbringung nach Stolpen umgehend an Holm weiter. Er fügt hinzu, daß die Vorbereitungen für den Transport höchst geheim zu vollziehen sind.

Fürs erste weiß der Hauptmann nicht, was er vorbereitend machen soll. Aus seiner Sicht gibt es ein gewaltiges Hemmnis: Der Gesundheitszustand der Gräfin läßt keine Reise zu, und schon gar nicht jetzt zur Winterszeit mit den unberechenbaren Wetterkapriolen. Doch darauf hat er keinerlei Rücksicht zu nehmen, vernimmt er aus Dresden. Schließlich entdeckt er doch noch ein anderes, vorab zu lösendes Problem: Die allseits verdeckte, schloßeigene Reisekutsche ist so defekt, daß sie die Fahrt bis nach Stolpen ohne Reparatur nicht durchstehen würde.

Holm berät sich unter dem Siegel der Verschwiegenheit mit dem Amtsschösser Kirstan, welchen der vier Schmiede Nossens man mit der Instandsetzung des Reisewagens beauftragen sollte. Kirstan, der vor einigen Jahren aus Meißen gekommen war, muß selbst erst Erkundigungen einholen. Schließlich entscheidet man sich, um dann aber die Frage zu erör-

Der Coselturm auf Burg Stolpen.

tern, wie die Reparaturarbeiten insbesondere vor der Gräfin und ihren Dienern, aber auch vor den anderen Leuten auf dem Schloß geheimgehalten werden können. Im Ergebnis muß sich der Schmied verpflichten, so zu tun, als ginge es um die Reparatur des

Kremsers des Amtsschössers und nicht um die überlandtaugliche, wuchtige Reisekutsche. Am 22. Dezember 1716, kurz vor Mittag, meldet der Handwerker, daß er mit seiner Arbeit fertig ist. Ein Eilkurier wird nach Stolpen entsandt, um die erforderlichen organisatorischen Maßnahmen abzustimmen; man ist in der bedrohlich auf einem Basaltkegel aufgebauten Burg mit zusätzlichem Wachpersonal schon gut vorbereitet.

Anna Constantia Gräfin von Cosel tragen am 24. Dezember ein paar kräftige Männer zu der Kutsche. Zum Sitzen ist sie unfähig. So gut es geht, sorgt Holm für einigermaßen erträgliches Liegen. Als der starke Wagen über die schneebedeckten Gassen Nossens scheppert, stehen wie einem Monat zuvor wieder Neugierige am Rand. In die Kutsche hineinzuschauen ist unmöglich. Aber selbst wenn sie die Insassin erspäht hätten, dürfte es zu Betroffenheit in den Gesichtern kaum gekommen sein: Weder die Nossener noch die Gräfin ahnten, daß jetzt die – im eigentlichen Sinne des Wortes – miserablen Zeiten endgültig losgehen und bis zum Lebensende Anna Constantias nicht mehr enden würden. Nach neunundvierzig langen und einsamen Jahren auf der Burg Stolpen verstarb sie dort am 31. März 1765.

EIN VORFALL IN DER HILFSSTRAFANSTALT AUF DEM SCHLOSS

In dem jeweils Dienstags, Donnerstags und Sonnabends erscheinenden »Anzeiger für Stadt und Amt Nossen, Siebenlehn und die umliegenden Ortschaften« und dem eingebundenen »Amtsblatt der königlichen Amtshauptmannschaft zu Meißen, des Königlichen Amtsgerichts zu Nossen, sowie der Stadträthe zu Nossen und Siebenlehn« fanden die Leser am 9. April 1889 die folgende Notiz:

»Nossen. Die hiesige kgl. Hilfsstrafanstalt siedelt nunmehr nach Hoheneck über. Nächsten Sonnabend rückt die Hälfte der Insassen mit den betreffenden Beamten ab; die andere Hälfte bleibt noch bis Ende dieses Monats hier. Wie es heißt, sollen die leer werdenden Räume zu Aufnahme von blödsinnigen Kindern bestimmt sein.«

Wer von den Nossenern bis dahin immer noch skeptisch war, ob jetzt endlich die mit Sorge und Argwohn betrachtete Einrichtung auf dem Schloß ihr allgemein herbeigesehntes Ende fand, konnte sich fünf Tage später persönlich davon überzeugen: Gegen sechs Uhr in der Früh marschierten 70 Sträflinge unter starker Bewachung zum Bahnhof, um von da aus in zwei verschlossenen Waggons 4. Klasse über Freiberg und Stollberg nach Hoheneck transportiert zu werden. Bereits im folgenden Monat, am 29. Mai 1889, trafen aus Hubertusburg die angekündigten

»blödsinnigen Kinder« ein. Bei den fortan in der ehemaligen Strafanstalt untergebrachten Pfleglingen handelte es sich um schwachsinnige Mädchen: Obwohl ihre Anzahl bis auf insgesamt 170 anwuchs, verbreiteten sie im Schloß wie im Territorium naturgemäß weitaus weniger Unruhe als die zuvor eingesperrten gut einhundert Häftlinge.

Als im Juli und August 1877 die Zwickauer Strafanstalt einen Teil ihrer Sträflinge im Nossener Schloß unterbrachte, hatte das ein nicht geringer Teil der Bevölkerung mit gemischten Gefühlen registriert. Jetzt würden wohl die Straftaten zunehmen, wurde geunkt. So ausbruchssicher sei das Schloß nun auch wieder nicht, und außerdem höre man ja, wie großzügig heutzutage mit den Verbrechern im Knast umgegangen würde, welche Freiheiten man denen einräume. Schon zum Jahresende 1877 hatte man den Herren Strafgefangenen eigens eine Kapelle für den sonntäglichen Gottesdienst eingerichtet – konnte es nicht bei dem zuvor genutzten Arbeitssaal bleiben, fragten sich einige erregte Nossener?! Nachdem später das königliche Justizministerium sogar eine Verordnung in Kraft setzte, wonach bei bestimmten Gefangenen im Falle einer Erkrankung die Strafvollstreckung vorübergehend unterbrochen werden konnte, empörten sich zunehmend mehr Bürger.

Wider Erwarten verliefen dennoch die ersten Jahre auf dem Schloß und im Ort einigermaßen ruhig. Doch dann hörte man von einem spektakulären Selbstmord durch Erhängen an einem Klingelzug der Strafanstalt, von Diebstählen in der näheren Umgebung des Schlosses, die angeblich auf das Konto von

Nossen

sich auf Außenarbeit befindlichen Gefangenen gingen und – im Juni 1882 – sogar von Kindesmißbrauch. Letzterer war freilich weder von der Strafanstalt noch von irgend jemand zu verantworten. Wie sich bald herausstellte, hatte das betreffende zehnjährige Mädchen die Geschichte frei erfunden, um sich wichtig zu machen. Doch nur ein paar Wochen später kam es tatsächlich zu einem mörderischen Vergehen an einem kleinen Mädchen, und den Dreh- und Angelpunkt des Geschehens bildete die Anstalt auf dem Schloß. Was hatte sich ereignet?

Im August 1881 hatte die Zwickauer Strafanstalt u. a. den Gefangenen Felix Oskar Apitzsch nach Nossen überstellt. Der am 15. Februar 1862 in Cleuden bei Taucha geborene Tischlergeselle mußte wegen unzüchtiger Handlungen an einem Kinde sowie schweren Diebstahls und Unterschlagung eine Strafe von einem Jahr und neun Monaten absitzen. Auf dem Schloßhof lief ihm des öfteren das knapp sechseinhalb Jahre alte Töchterchen des Anstaltsinspektors über den Weg, das erneut alte Begierden in dem Häftling wachrief. Am Sonnabend, den 8. Juli 1882, sah der im Südflügel des Komplexes untergebrachte Apitzsch eine Gelegenheit, sich an dem Kind zu ver-

Sonnabend, den 8. d. M., vormittags gegen 11 Uhr wurde unser einziges Töchterchen, unsere herzige, liebe, lebensfrohe

Elsa,

im Alter von 6 Jahren 5 Monaten durch Mörderhand uns geraubt, und heute haben wir das Herzenskind zur ewigen Ruhe gebettet.

Der Schmerz ob dieses selten schweren Trauerfalles ist unbeschreiblich, Gott allein vermag zu trösten.

Für die zahlreiche Begleitung vom Elternhause nach Gottes Acker, für die warmen Trostesworte, die unseren Schmerz zu lindern suchten, den überaus reichen Blumenschmuck, der von nah und fern, von Bekannten und Unbekannten, von Reich und Arm unserer Blume, unserer sinnigen Blumenfreundin gespendet wurde, für alles, wodurch unser namenloser Schmerz gemildert werden sollte: Dank, herzinniger Dank! Gott vergelte die uns erwiesene Liebe; er möge alle Kinder in seinen Vaterschutz nehmen und aus dem grausam vergossenen Blute unserer unschuldigen Himmelsbraut einen Segen für unser Volk erblühen lassen.

Nossen, den 11. Juli 1882.

Hermann Bässler, Anstalts-Inspektor,
Selma Bässler, geb. Sonntag.

greifen. Die Untat gipfelte in der Ermordung des Mädchens. Den Verbrecher, dem die Flucht gelungen war, ergriff man noch am Nachmittag desselben Tages in einem Kornfeld. Schwer gefesselt brachte man ihn zurück auf das Schloß, sperrte ihn in den tiefsten und sichersten Kellerraum und postierte zusätzlich noch einen Posten vor der Tür. Zugleich signalisierte man dem Königlichen Landgericht in Freiberg, daß der Sexualmörder umgehend dorthin verbracht werden sollte. Überzeugt davon, daß es eigentlich auch im Nossener Schloß Verliese gab, aus dem ein Entkommen unmöglich war, ließen sich die Freiberger Beamten ein paar Tage Zeit. Am Nachmittag des 12. Juli aber fand die Überführung des Verbrechers statt.

Der schon genannte »Anzeiger für Stadt und Amt Nossen …« meldete dazu:

»Freiberg, 13. Juli. Festgeschlossen und unter sicherer Begleitung zweier hiesiger Gerichtsdiener wurde gestern nachmittag mit dem 5 Uhr-Zug von Nossen der ruchlose Mörder Apitzsch nach dem hiesigen Kgl. Landgerichte eingeliefert. Nach Hunderten zählend hatte sich das Publikum schon lange vor Ankunft des fraglichen Zuges nach dem Bahnhofe begeben, um dieses Scheusal in Menschengestalt in Augenschein nehmen zu können. Doch eine allgemeine Enttäuschung gab sich kund, als man, anstatt eine robuste, kräftige Verbrechergestalt zu erblicken, eine kleine, kaum über mittelgroße, nichtssagende Physiognomie zu Gesichte bekam, welche, wie schon gesagt, fest geschlossen, geführt von seinen Transportbeamten, mit scheuen, niedergeschlagenen Blikken durch die Kopf an Kopf stehende Menge passierte. Worte des Abscheus gaben sich kund und es war nur eine Stimme, welche hier vorherrschend war, und zwar die: 'Keine Gnade für ihn'.«

Gnade konnte das Gericht nicht walten lassen, wohl aber der sächsische Landesvater, König Albert. In der Freiberger Schwurgerichtsverhandlung vom 20. September sprachen die Geschworenen das Todesurteil, das acht Tage später Rechtskraft erlangte. Die zornigen Nossener erwarteten jetzt die schleunigste Vollstreckung des Urteils. Nach § 485 der Strafprozeßordnung war das jedoch erst dann möglich, wenn das Staatsoberhaupt von seinem Begnadigungsrecht keinen Gebrauch machen wollte.

Wie sich König Albert entscheiden würde, war nicht abzusehen. Noch bis vor wenigen Monaten hatte der Monarch niemals ein Todesurteil unterschrieben, sondern stets in eine lebenslange Zuchthausstrafe umgewandelt. Im Juni 1882 unterbrach er die Tradition und bestätigte die Hinrichtung eines Frauenmörders. Wie also würde sich der König im Fall des Kindesmörders Apitzsch verhalten?

Nicht nur der Anstaltsinspektor Hermann Bässler wartete voller Ungeduld auf die entsprechende Nachricht aus der Residenzstadt Dresden. Die Nossener Einwohner und selbst viele der Sträflinge im Schloß nahmen regen Anteil am Schicksal der Familie und erkundigten sich nach dem Stand der Dinge. Der Oktober war bereits ziemlich vorangeschritten, und Tag für Tag hatte Inspektor Bässler ratlos mit den Schultern zucken müssen, wenn er nach dem weiteren Fortgang befragt wurde. Dann jedoch erhielt er von einem Vertrauten aus dem Dresdner Justizministerium eine richtungsweisende Mitteilung: Die Guillotine, die üblicherweise auf dem Dachboden des Justizgebäudes aufbewahrt wurde, habe man soeben transportbereit in eine Souterrainlokalität gebracht!

Der Schein trog nicht, König Albert hatte das Todesurteil genehmigt. Die Hinrichtung sollte am Sonnabend, den 28. Oktober, früh acht Uhr, im Hof des Freiberger Gefängnisses stattfinden. Etwa 200 Zuschauerkarten waren ausgegeben worden, die wie zu einer Theatervorführung vor dem Zutritt über das Landgerichtsgebäude von Gerichtsdienern entwertet wurden. Ob auch eine Abordnung aus Nossen und dem Schloß mit den leidtragenden Eltern an der Spitze vertreten war, ist nicht mehr aufzuhellen. Mit ruhigen Schritten legte der Delinquent den Weg zum Schafott zurück; zum Frühstück hatte er sich Kaffee und Semmel gut schmecken lassen und sich dann noch ein Töpfchen Bier genehmigt, das ihn auf Wunsch gereicht worden war.

Die Vollstreckung des Urteils durch den Landesscharfrichter Brand aus Pfaffroda und dessen Gehilfen ist im »Freiberger Anzeiger« wie folgt beschrieben worden:

»Der Scharfrichter nahm dem Mörder die Fesseln ab und unterstützt von den Gefängniswärtern betrat er das Schafott, ohne einen Laut von sich zu geben. Mit ungemeiner Schnelligkeit war er auf das Totenbrett geschnallt, ein einziger Jammerschrei nur und das Brett schob unter die Guillotine, wo in demselben Moment das Beil herabfiel und das Haupt vom

Rumpfe trennte. Die ganze Prozedur dauerte kaum eine Minute und der Scharfrichter, der heute das achte Mal seines Amtes waltete, zeigte den Kopf des Mörders der Zuschauermenge. Ein bereitstehender Sarg nahm dann die irdischen Überreste des Missethäters auf. Die Zuschauermenge verzog sich …«

In Nossen wird man zwar aufgeatmet, doch noch besorgter als bisher auf das Schloß mit den Inhaftierten geblickt haben. Daß die Jahre später erfolgende Umsiedlung nach Hoheneck allgemeine Zustimmung fand, ist sehr wohl verständlich. In Anbetracht der schlimmen Tat an einem kleinen Mädchen ist auch die große Anteilnahme der Bevölkerung zu verstehen, die sich auf vielfältige Art äußerte. Eine besonders gutgemeinte Beileidskundgebung war in Verse geschmiedet, die den Eltern Hermann und Selma Bässler übergeben und kurz darauf auch publiziert wurde. Zum Abschluß unseres Berichtes über den Vorfall auf dem Nossener Schloß geben wir das Gedicht kommentarlos wieder – wie gesagt, es ist gutgemeint!

Nossen,
am Abend des achten Juli
1882.

Ein Todesschreck geht durch die Stadt,
Und aller Herzen zittern,
Wer liebe, zarte Kinder hat,
Den Vätern und den Müttern
Gehts wie ein Schwert durch Mark und Bein;
Was ist's, was mag geschehen sein?

Ein Mägdelein, der Augen Lust,
Der Eltern stolze Freude,
Wie lag's an seines Vaters Brust,
So froh und selig heute,
Als sich's dem Arm des Schlaf's entwand,
Und dann sich seine Locken band!

Wie ging's so gern zur Schule hin,
Geschlossen ist sie heute,
Das war wohl nicht nach seinem Sinn,
Doch Mütterchen erfreute
Mit Kirschen seinen Appetit;
So geht's doch nicht – sein Engel mit.

Schon hat zum fürchterlichen Streich
Er, – den es nichts zu Leide
Gethan, an Lieb' für alle reich
Und in der Unschuld Kleide, -
Erhoben die verruchte Hand,
Und blutend sinkt es in den Sand.

Ermordet, mit zerschlagnem Haupt,
Bedeckt mit Todeswunden -
- Hat es ein wildes Tier geraubt? -
So wird es aufgefunden
Vom Vater mit dem Jammerschrei:
Ob's wirklich seine Else sei? …

Sein Kind, sein heißgeliebtes Kind,
Am Vater zärtlich hangend,
Und wenn es eine Blume find't,
Im Gartenfelde prangend,

Ihn schmückend mit der kleinen Hand!
Welch Glück sein Herz dabei empfand!

Und nun sein Kind – nicht tot allein,
- Auch Kinder können sterben! -
Nein, Sünden, die zum Himmel schrein,
Die haben hier Verderben,
Dem Kinde jähen Tod gebracht,
Und vor den Augen wird es Nacht.

Wir wissen kaum ein tröstend Wort
Den Jammernden zu sagen
Bei solchem grauenvollem Mord,
Zu weinen nur, zu klagen.
Doch Einer weiß in höchster Not
Zu trösten – das ist unser Gott!

Ihn rufen wir mit Demut an:
Seh' an, Herr, unsern Jammer;
Mach Deinem Troste eine Bahn
Zur dunklen Todeskammer,
wo Eltern um ihr liebes Kind
in namenlosem Schmerze sind!

Des Mörders Hand entriß es nicht
Aus Deinen Väter Händen;
Dort wird sein liebes Angesicht
Sich oft zurückewenden
Zu Vater, Mutter, bis die Zeit
Auch ihnen wird zur Ewigkeit.

QUELLENVERZEICHNIS

Anzeiger f. Stadt u. Amtgerichtsbezirk Nossen. – Nossen, ab 1848

BERGER, A.: Ein Streifzug durch die Nossener Geschichte. – Gedenkschrift zum Heimat- u. Schulfest 1936. – Nossen 1936

BEYER, E.: Das Cisterciensersstift und Kloster Alt-Zella. – Dresden 1855

BLASCHKE, K.: Geschichte Sachsens im Mittelalter. – Berlin 1991

Des bekannten Diebes, Mörders u. Räubers Lips Tullians, Und seiner Complicen Leben und Übelthaten. – o. O. 1726

HOFFMANN, G.: Constantia von Cosel u. August der Starke. – Bergisch Gladbach 1984

KNAUTH, J. C.: Alt-Zellische Chroniken, Teil I– VII. – Dresden/Leipzig 1722

Kgl. Sächs. concessionirtes gemeinnütziges Nossen-Siebenlehner Wochenblatt. – Nossen 1837–1843

LINDNER, P.: Chronikalische Nachrichten von Nossen u. Umgebung, H. 1–5. – Nossen 1886–1891

Nossener Kirchgemeindeblatt. – Nossen, ab 1926

Kloster Altzella

Zisterzienserkloster, gegründet 1162, Grablege der Wettiner

Öffnungszeiten

1. April bis 31. Oktober

Dienstag – Freitag 9.00 – 17.00 Uhr

Sa / So / Feiertag 10.00 – 18.00 Uhr

Schloß Nossen

1185 Ersterwähnung der Besitzer der Burg, ab 1554 Umbau zum kurfürstlichen Jagd- und Reiselager, spätere Nutzung als Amtsgericht

Öffnungszeiten

Sommerhalbjahr (April – Oktober)

Dienstag – Freitag 10.00 – 17.00 Uhr

Sa / So / Feiertag 10.00 – 18.00 Uhr

Winterhalbjahr (November – März)

Dienstag – Freitag 10.00 – 16.00 Uhr

Sa / So / Feiertag 13.00 – 17.00 Uhr